Fitnesstraining für den Kopf

Fitnesstraining für den Kopf

50 Rätsel für TAKTISCHES DENKEN

ARISTON α

Für A. E.

Aus dem Englischen von Marion Zerbst
Die Originalausgabe dieses Buches erschien 2009 unter dem Titel
How to think. 50 puzzles for tactical thinking bei Eddison Sadd Editions.

Bibliografische Information der Deutschen Bibliothek

Die Deutsche Bibliothek verzeichnet diese Publikation in der Deutschen
Nationalbibliografie; detaillierte bibliografische Daten sind im Internet
unter http://dnb.ddb.de abrufbar.

Umschlaggestaltung: Weiss / Zembsch / Partner: Werkstatt/München
Satz: EDV-Fotosatz Huber/Verlagsservice G. Pfeifer, Germering
Printed in Singapore

ISBN 978-3-424-20024-9

INHALT

Taktisches Denken

Warum sind die großen Industriebosse so erfolgreich – obwohl sie oft mit enormen Schwierigkeiten und Widrigkeiten zu kämpfen haben? Und warum gelingt es Spitzenpolitikern immer wieder, sich Kampagnen auszudenken, mit denen sie genau den Nerv ihrer Zeit treffen und besser ankommen als ihre Rivalen?

Ganz einfach: weil sie gute Taktiker sind. Sie wissen genau, wie sie etwas erreichen können. Selbst wenn sie unter Druck stehen, konzentrieren sie sich immer noch auf ihre Ziele – und wenn sich eine Chance auftut, ergreifen sie sie unbeirrt. Sie denken klar und logisch und reagieren immer genau richtig.

TAKTISCHES DENKEN KANN MAN LERNEN In diesem Buch lernen Sie, genauso taktisch und strategisch zu denken wie diese Leute, die offenbar immer auf der Gewinnerseite stehen. Die Rätsel und die HERAUSFORDERUNG am Schluss schärfen Ihre Konzentration, fördern die Logik, entwickeln das bildliche Vorstellungsvermögen und stärken die Kreativität – alles wichtige Voraussetzungen für taktisches Denken. Bei vielen dieser Aufgaben müssen Sie immer mehrere unterschiedliche Möglichkeiten im Auge behalten, während Sie sich über die Auswirkungen bestimmter Lösungsversuche Gedanken machen.

VERGESSEN SIE DEN WALD VOR LAUTER BÄUMEN NICHT! Wer taktisch denkt, ist auf alles vorbereitet und seinen Gegnern und Problemen immer einen Schritt voraus. Dazu müssen Sie die Fähigkeit beherrschen, sich gleichzeitig auf Ihre jetzige Aufgabe und auf das zu konzentrieren, was als Nächstes kommt – und erkennen, wie beides in Ihre langfristigen Pläne hineinpasst. Sie müssen also nicht nur aufgabenorientiert, sondern zugleich auch zielorientiert denken – und effizient mit Ihrer Zeit, Ihrer Arbeitskraft und Ihren Ressourcen umgehen.

Dazu ist Weitblick gefragt. Wenn Sie sich allzu sehr in die Lösung gerade anstehender Probleme verbeißen, verlieren Sie den Überblick und Ihr langfristiges Ziel aus den Augen. Dient das, was Sie gerade tun, auch wirklich dem, was Sie auf lange Sicht erreichen möchten? Denken Sie daran, nicht nur die einzelnen Bäume, sondern auch den Wald im Blick zu behalten!

TAKTISCH ODER STRATEGISCH? Management-Ratgeber unterscheiden zwischen operationalem, taktischem und strategischem Denken. Das operationale Denken bezieht sich auf die täglichen Aufgaben und Aktivitäten – also auf das Tagesgeschäft. Taktisches Denken ist mittelfristig (also auf einen Zeitraum von sechs bis zwölf Monaten) ausgerichtet, während strategisches Denken langfristige Ziele anstrebt. In dieser Terminologie ist das taktische Denken dem strategischen Denken untergeordnet. Ein Manager legt eine bestimmte Strategie fest und entscheidet dann, welche Taktik er einsetzen will, um diese Strategie umzusetzen.

Für unsere Zwecke ist sowohl der taktische als auch der strategische Ansatz wichtig. Wir brauchen beides, um Probleme zu lösen und Herausforderungen auf intelligente Weise zu meistern.

ERST DENKEN, DANN HANDELN Ein guter Taktiker kann sich seinen Mitmenschen gegenüber auch gut »verkaufen«. Er weiß, was er sagen muss – und wie er es am besten sagen sollte. Er kann logisch und überzeugend argumentieren. Und manchmal muss er auch in der Lage sein, neue, unerwartete Wege zu erkennen – er muss also über den Tellerrand hinausschauen können. Vor allem aber darf er nicht vorschnell handeln. Taktiker sind stets Realisten. Sie behalten ihr Ziel im Blick und planen ihr Tun und Handeln aus dieser Perspektive heraus. Sie müssen lernen, nichts zu überstürzen. Das erfordert Selbstdisziplin. Denken Sie immer erst nach, ehe Sie sprechen oder reagieren!

EINE BESSERE ZUKUNFT Taktisches Denken hilft Ihnen nicht nur am Arbeitsplatz weiter, sondern auch in allen anderen Lebensbereichen. Sie brauchen die taktischen Denkfähigkeiten, die Sie mithilfe dieses Buches entwickeln, um Ihr Leben richtig zu planen und den Weg in eine bessere Zukunft zu finden. Also gehen Sie es an! Konzentrieren Sie sich auf Ihre Ziele und werden Sie ein cleverer Taktiker.

DIE RÄTSEL IN DIESEM BUCH Dieses Buch enthält Rätsel in drei Schwierigkeitsgraden. Für jeden Schwierigkeitsgrad ist ein bestimmtes Zeitlimit vorgegeben. Das setzt Sie möglicherweise unter Druck, und zwar mit gutem Grund: Oft können wir besser denken, wenn wir ein konkretes Ziel verfolgen oder unter Zeitdruck stehen. Aber wenn Sie mehr Zeit für diese Rätsel benötigen als vorgesehen, ist das auch nicht schlimm. Nehmen Sie sich so viel Zeit, wie es Ihnen richtig erscheint. Für die Rätsel, die mit ZEITBONUS gekennzeichnet sind, dürfen Sie etwas mehr Zeit investieren – nicht weil sie schwieriger sind, sondern weil sie mehr Denkarbeit erfordern.

Von manchen Rätseln erscheint an späterer Stelle im Buch noch einmal eine etwas andere Version. Ab und zu geben wir Ihnen auch einen kleinen Tipp, und bei den Rätseln am Ende des Buches finden Sie außerdem immer wieder Platz für Notizen. Der letzte Teil – die HERAUSFORDERUNG – bietet Ihnen Gelegenheit, sich in Ihren neu erworbenen taktischen Denkfähigkeiten zu üben. Dafür geben wir Ihnen 10 bis 15 Minuten Zeit, damit Sie auch wirklich gründlich über die Probleme nachdenken und sich in der leeren Randspalte vielleicht auch ein paar Notizen machen können.

Wenn Sie sich auf diese Weise zum taktischen Denker entwickeln, werden Sie Ihre Pläne besser an schwierige Umstände anpassen und Ihre Ziele trotz scheinbar unüberwindbarer Probleme erreichen können. Also – worauf warten Sie noch? Entwickeln Sie Ihren taktischen Scharfsinn!

SCHWIERIGKEITSGRAD	ZEITLIMIT
LEICHT = AUFWÄRMEN	1–2 MINUTEN
MITTELSCHWER = BASISTRAINING	3–4 MINUTEN
SCHWER = INTENSIVTRANING	5–6 MINUTEN
ZEITBONUS	6+ MINUTEN
DIE HERAUSFORDERUNG	10–15 MINUTEN

50 Rätsel für TAKTISCHES DENKEN

Nicht vergessen:
Gehen Sie die Aufgaben **schrittweise** an!
Behalten Sie **Ihr Ziel im Blick!**
Bleiben Sie **konzentriert!**
Denken Sie **TAKTISCH!**

LEICHTE Rätsel für TAKTISCHES DENKEN

Die Rätsel im ersten Teil sind eine »Aufwärmübung« für Ihr taktisches Denken. Mit diesen Denkaufgaben können Sie Ihre Konzentrationsfähigkeit verbessern, Ihr bildhaftes Vorstellungsvermögen trainieren und Zusammenhänge schneller erkennen. Bei manchen Rätseln müssen Sie beinahe hellseherische Fähigkeiten entwickeln – eine gute Übung für Ihre Gehirnzellen!

1–2 MINUTEN

GEHEIMNISVOLLE SYMBOLE I

Ein Spieleerfinder hat sich dieses einfache Computer-Symbolspiel ausgedacht. Jedes der Symbole im unten abgebildeten Gitter steht für eine andere Zahl. Welche Zahlenwerte muss man den Symbolen Kreis, Kreuz, Fünfeck, Quadrat und Stern zuordnen, um am Ende jeder Reihe und Spalte auf die an den Rändern angegebenen Summen zu kommen?

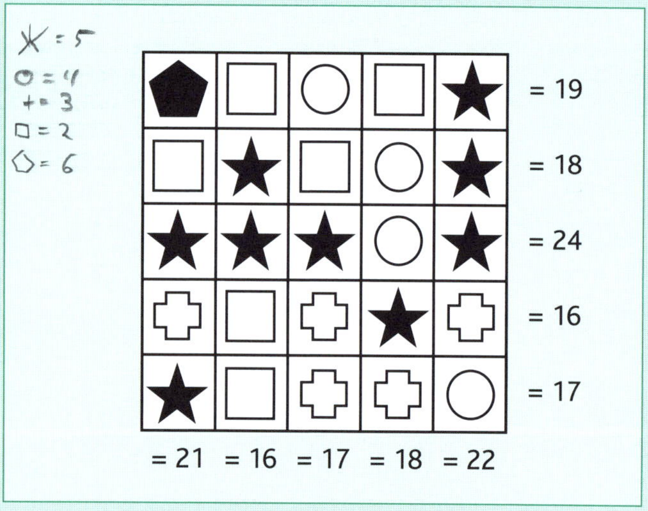

DENK-ANSTOSS

Fangen Sie bei der dritten Reihe von oben oder bei der Spalte ganz rechts an und versuchen Sie den Wert eines Sterns zu errechnen.

EISCREME-RÄTSEL I

Cafébesitzer Giovanni verwöhnt seine Gäste mit einem »Geburtstags-Special«: Jede Eiskugel ist mit einem Schokoladenbuchstaben geschmückt. Zusammen ergeben die Buchstaben den Namen des Geburtstagskindes. Für die Geburtstagsfeier eines Mathematiklehrers hat Giovanni sich das unten abgebildete Rätsel ausgedacht. Die Buchstaben haben je nach ihrer Position im Alphabet den Zahlenwert 1 bis 26. Der Lehrer muss den Code knacken, um herauszufinden, welcher Buchstabe auf die fünfte Eiskugel in dem Dessert rechts unten gehört.

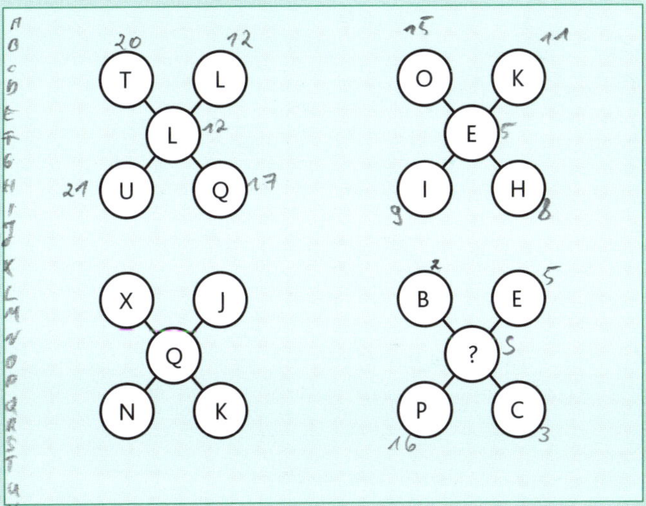

DENK-ANSTOSS

Wie kommen Sie auf die Zahl in der Mitte, nachdem Sie die Buchstaben in Zahlen umgerechnet haben? Welche Beziehung besteht beispielsweise im ersten Dessert zwischen der mittleren Zahl und den anderen vier Zahlen?

ZAHLENDETEKTIV I

Ein Krimiautor baut dieses Zahlengitterrätsel in den Detektivroman ein, den er gerade schreibt. Der Privatdetektiv muss anhand der Tipps die richtigen Zahlen in das Gitter eintragen. Können Sie ihm helfen? Es handelt sich nur um ganze Zahlen, und keine Zahl darf im Gitter zweimal vorkommen. Außerdem hat keine Zahl einen Wert unter 1 oder über 63. Als kleine Starthilfe wurden bereits zwei Zahlen in das Gitter eingesetzt.

1. A1 ist entweder C2 plus C3 oder C2 minus C3
2. A2 ist A1 plus D2
3. A3 ist C3 geteilt durch B2
4. A4 ist entweder A3 plus B3 oder B2 plus B3
5. B1 ist entweder A2 plus C1 oder A2 minus C1
6. B2 ist ein Drittel von C3
7. B3 ist C3 plus D4
8. B4 ist entweder A4 minus A3 oder A4 minus D4
9. C1 ist ein Drittel von A4
10. C2 ist B4 plus C1
11. C3 ist entweder 11 oder 12
12. C4 ist A1 geteilt durch A3
13. D1 ist B2 plus C3
14. D2 ist entweder C4 plus D3 oder C4 minus D3
15. D3 ist ein Drittel von C1
16. D4 ist A3 mal D1.

	1	2	3	4
A				
B				
C			12	
D			7	

DENK-ANSTOSS

Zeichnen Sie ein Diagramm, das die Beziehungen zwischen den Zahlen darstellt! Das kann bei solchen Rätseln eine große Hilfe sein.

SCHIFFE VERSENKEN I

Ein pensionierter Geschichtslehrer hat eine eigene Version des bekannten Spiels SCHIFFE VERSENKEN entwickelt. Die Zahlen an den Rändern des Spielfelds zeigen an, wie viele einzelne oder nebeneinander liegende Felder in den Reihen und Spalten von Schiffen oder Bojen besetzt sind. »Ihr müsst das Gitter so ausfüllen, dass es drei Kreuzer, drei Barkassen und drei Bojen enthält – und zwar genau den Zahlenangaben an den Rändern entsprechend!«, schärft er seinen beiden Enkeln ein.

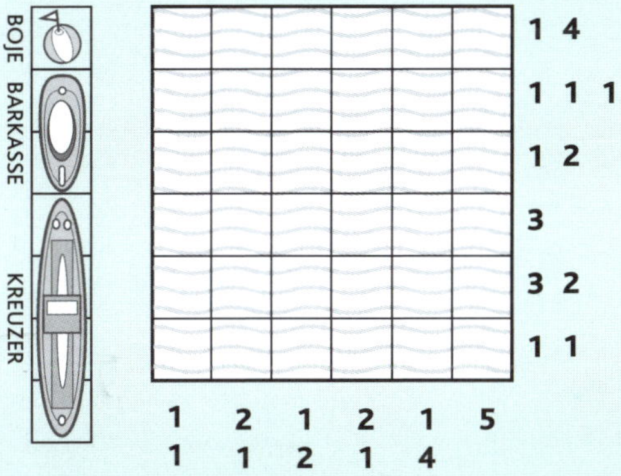

DENK-ANSTOSS

Wenn Sie sich die oberste Reihe und die Spalte ganz links anschauen, sehen Sie, dass das linke obere Feld von einer Boje besetzt sein muss.

DAS MATHECLUB-T-SHIRT

Ein Mathelehrer veranstaltet nach der Schule mit seinen begabtesten Schülern einen Mathematik-Club. Er entwirft ein Zahlengitter, das auf ein T-Shirt für Clubmitglieder aufgedruckt werden soll. In letzter Minute beschließt er, ein paar der Zahlen abzudecken, sodass in keiner Reihe oder Spalte eine Zahl zweimal vorkommt. Diesen Auftrag gibt er dem Drucker und fügt hinzu: »Und es dürfen auch keine abgedeckten (schwarzen) Felder waagerecht oder senkrecht nebeneinanderliegen (über Eck dürfen sie sich jedoch berühren). Die anderen, nicht abgedeckten Zahlenfelder müssen entweder waagerecht und/oder senkrecht miteinander in Berührung stehen.« Können Sie dem Drucker helfen?

4	3	4	2	5	4
2	1	3	1	4	2
4	5	1	4	3	2
4	2	1	5	1	5
5	4	2	1	4	3
1	1	4	3	2	5

DENK-ANSTOSS

Die oberste Reihe ist ein einfacher Ausgangspunkt für dieses Rätsel.

ZAHLENKREUZWORTRÄTSEL I

Jede Reihe und Spalte dieses Zahlenkreuzworträtsels enthält die gleichen Zahlen und mathematischen Symbole, aber jedes Mal in anderer Reihenfolge. Wie müssen die Zahlen und Symbole angeordnet sein, damit man zu den Summen am Ende der Reihen und Spalten gelangt?

4	x	2	–	6	+	1	=	3
							=	26
							=	30
							=	10
=		=		=		=		
12		4		6		14		

DENK-ANSTOSS

Bevor Sie Ihre Lösungen direkt in das Gitter eintragen, notieren Sie sich, wie 4, 2, 6 und 1 mit den Rechenzeichen x, – und + kombiniert werden können, damit die vorgegebenen Summen herauskommen.

1–2 MINUTEN

BALLONS IN BEWEGUNG

Auf vier Ballons (je zwei weiße und je zwei schwarze) sind die unten abgebildeten Zahlen aufgedruckt. Nun soll die Reihenfolge der Ballons verändert werden. Können Sie anhand der unten stehenden Tipps die neue Reihenfolge bestimmen?

1 Die ungeraden Zahlen liegen nebeneinander.

2 Auch die weißen Ballons liegen nebeneinander.

3 Die Zahl ganz links außen ist doppelt so hoch wie die danebenliegende Zahl.

DENK-ANSTOSS

Fangen Sie bei Tipp 3 an!

ZAHLENGITTER I

Zwei Physikstudenten haben einen Job als Wachmänner angenommen. An einem ruhigen Tag zeichnet einer der beiden das untenstehende Rätsel auf die Rückseite von Coupons. »Lege die acht Coupons so in das leere Gitter, dass alle nebeneinanderliegenden Zahlen gleich sind. Du darfst die Coupons dazu auch drehen, aber nicht auf den Kopf stellen.« Können Sie helfen, das Gitter richtig auszufüllen?

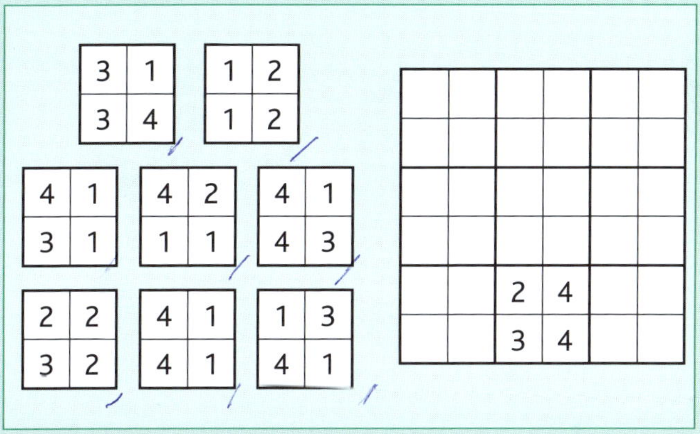

DENK-ANSTOSS

Fangen Sie mit dem Coupon links unten an.

1–2 MINUTEN

MATHE-GENIE I

Bei Schwierigkeitsgrad 1 des Video-Lernspiels MATHE-GENIE betritt der Spieler ein Zimmer mit einem aus 16 Feldern bestehenden Gitter auf dem Fußboden. Um das Zimmer durchqueren zu können, muss er das Gitter so mit den Zahlen 4, 6, 7, 7, 8, 8, 10, 10, 10, 10, 10, 11, 12, 12, 13 und 14 ausfüllen, dass die Zahlen in jeder Reihe, jeder Spalte und diagonal jeweils die Summe 38 ergeben. Wie muss er die Zahlen in das Gitter einsetzen?

DENK-ANSTOSS

Vielleicht ist es hilfreich, die verschiedenen Zahlenkombinationen aufzulisten, die zusammen 38 ergeben? Nutzen Sie dazu die leeren Seiten für Notizen am Ende des Buches!

NICHTS ALS SCHULDEN ...

Herr A schuldet Frau B 50 €. Frau D schuldet Herrn C 40 €, und so weiter. Wer wem wie viel Geld schuldet, geht aus der unten stehenden Abbildung hervor. Wie lassen sich die angegebenen Schuldenbeträge durch zwei einfache Rückzahlungen begleichen?

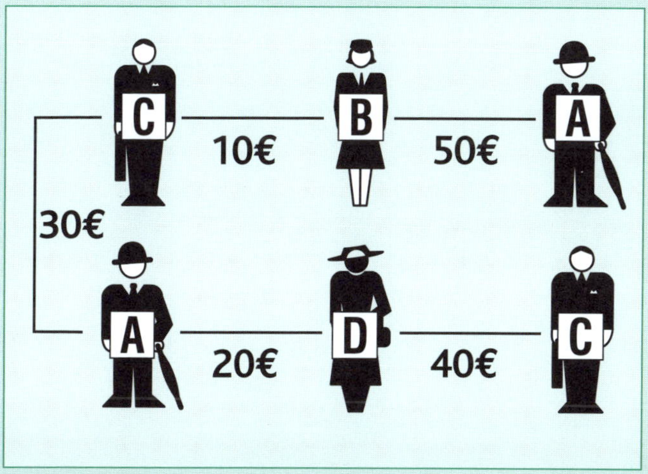

DENK-ANSTOSS

Rechnen Sie für jede Person aus, wie viel sie schuldig ist und wie hoch die Geldforderungen sind, die sie gleichzeitig hat.

JONGLIEREN MIT SECHSECKEN I

Ein Designer hat sich dieses Zahlenspiel mit Sechsecken für seine Neffen ausgedacht. Sie sollen die Sechsecke so in das Gitter in der Mitte legen, dass die an den Rändern der Sechsecke aneinander angrenzenden Dreiecke jeweils die gleiche Zahl enthalten. Die Sechsecke dürfen aber nicht gedreht werden. Können Sie den beiden helfen?

DENK-ANSTOSS

Dieses Rätsel können Sie nur durch »Versuch und Irrtum« lösen. Hier ein kleiner Tipp: Das unterste Dreieck in dem Gitter sollte eine 1 enthalten.

L-GITTER I

Eine Philosophielehrerin hat sich dieses Rätsel ausgedacht, um das logische und taktische Denken ihrer Schüler zu testen. Es gibt insgesamt 12 L-Formen – drei von jeder der unten abgebildeten L-Formen. Jedes L hat an einer bestimmten Stelle ein Loch (O). Alle 12 L-Formen wurden in das Gitter eingesetzt. Können Sie anhand der Position der Löcher im Gitter herausfinden, wo sich die Umrisse der 12 L-Formen befinden? Sie dürfen die L-Formen drehen oder auch auf den Kopf stellen, bevor Sie sie in das Gitter einsetzen. Es dürfen sich aber niemals zwei gleiche L-Formen berühren, nicht einmal über Eck. Die Teile passen so gut ineinander, dass es keine Zwischenräume gibt, sondern nur die Löcher zu sehen sind.

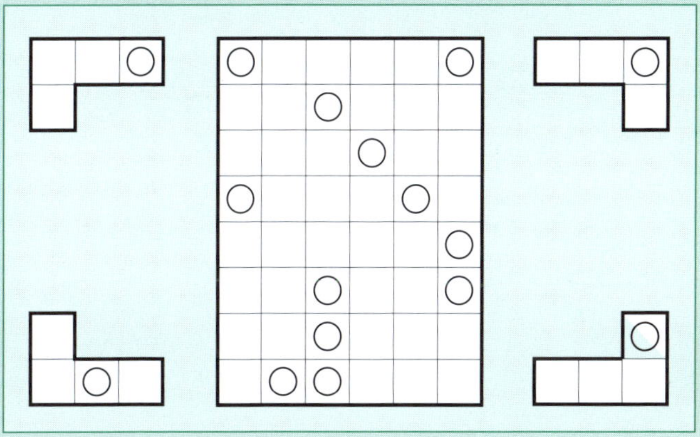

DENK-ANSTOSS

Die beiden L-Formen an der oberen Kante des Rechtecks zeigen beide in dieselbe Richtung.

ZEIT-
BONUS

ZAHLENVERBINDUNGEN I

In diesem Rätsel gehen Zahlen enge Querverbindungen miteinander ein. Können Sie die unten aufgelisteten Zahlen in die angegebenen Felder einfügen? Eine Zahl steht bereits da, um Ihnen eine kleine Starthilfe zu geben.

3-stellig:
128
247
592
659

4-stellig:
1951
2407
3915
4876
5033
7262
8124
9368

5-stellig:
~~18935~~
22514
31970
43703
55662
63058
74906
76149
80231
91427

6-stellig:
290857
462479
736724
815256

7-stellig:
1759236
2034719
3403834
3532382
4374193
5521411
5539957
6701014
7012450
7368351
8297012
8827064
9638357
9748536

MILITÄRAKADEMIE I

Mit dieser Übung trainiert ein General das strategische Geschick der Kadetten. Er gibt ihnen den unten abgebildeten Grundriss eines Campingplatzes, auf dem Bäume gepflanzt wurden, und bittet sie, die Zelte auf dem Platz nach folgenden Regeln aufzustellen: Jedes Zelt muss entweder direkt oberhalb eines Baums oder darunter oder daneben stehen. Es dürfen keine zwei Zelte auf aneinander angrenzenden Feldern stehen, auch nicht diagonal. Die Zahlen am Rand neben den Reihen und Spalten geben an, wie viele Zelte sie jeweils enthalten müssen.

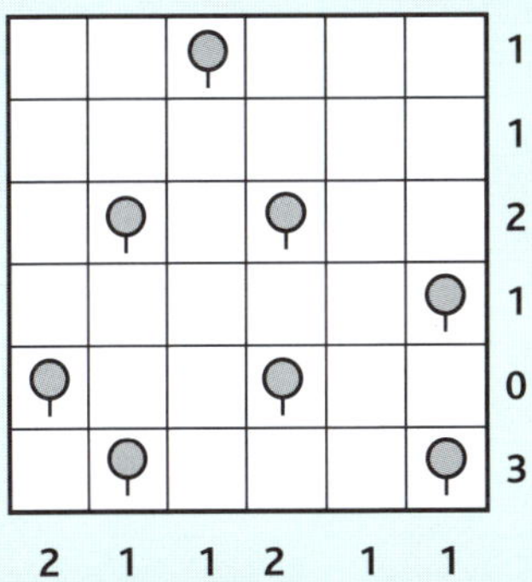

DENK-ANSTOSS

Beginnen Sie bei den untersten beiden Reihen des Gitters.

STERNSTUNDE

Gefallen Ihnen die Sternmotive, die auf Baseballmützen gedruckt werden können? Die Sterne sind in einer logischen Reihenfolge angeordnet. Mit welchem der vier im Kasten rechts unten abgebildeten Designs (A bis D) muss das Muster vervollständigt werden?

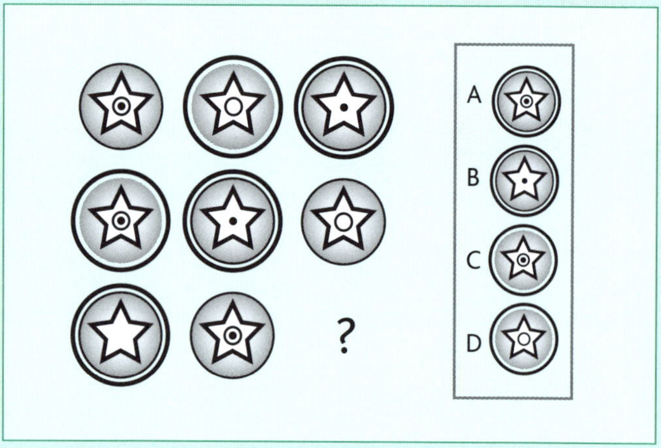

DENK-ANSTOSS

Achten Sie auch auf die feinen Unterschiede in den Kreisen rund um die Sterne!

SCHACH-RÄTSEL

Zwei Freunde spielen leidenschaftlich gerne Schach. Wenn sie nicht gerade über einer Schachpartie brüten, stellen sie sich gegenseitig Denkaufgaben. »Wie kann das Pferd auf alle elf leeren Felder im unten abgebildeten Teil des Schachbretts kommen? Es darf sich dabei natürlich nur mit den typischen Pferde-Zügen fortbewegen.« Was würden Sie antworten?

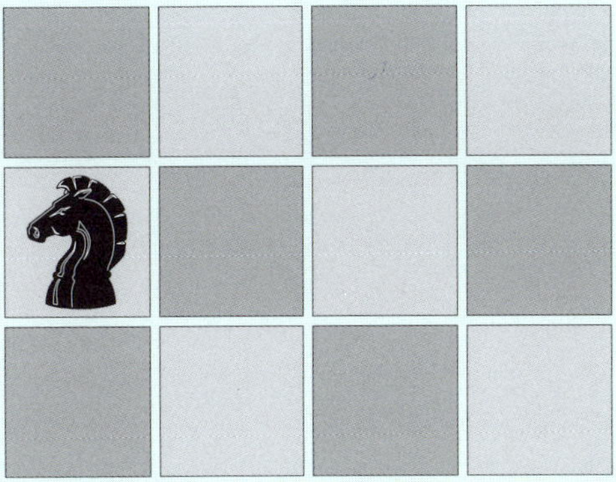

DENK-ANSTOSS

Denken Sie daran: Ein Pferd zieht entweder zuerst ein Feld waagerecht oder senkrecht, gefolgt von einem Feld diagonal, oder zuerst ein Feld diagonal, gefolgt von einem Feld waagerecht oder senkrecht.

MITTEL-SCHWERE Rätsel für TAKTISCHES DENKEN

Der zweite Teil enthält Rätsel von mittlerem Schwierigkeitsgrad, bei denen Ihr taktisches Denken schon ein bisschen mehr gefordert wird. Die visuellen Denkaufgaben und Zahlen- und Texträtsel in diesem Teil erfordern Scharfsinn und genaues Abwägen. Achten Sie auf Muster, Gesetzmäßigkeiten und Zusammenhänge! Bei Rätseln, die Ihnen besonders schwerfallen, gönnen Sie sich zwischendurch ruhig auch einmal eine Pause. Wissenschaftlichen Erkenntnissen zufolge können wir am besten denken, wenn wir uns sehr intensiv für eine Aufgabe interessieren und engagieren.

ZEIT-
BONUS

SUDOKU I

Als Geschenk für seine rätselbegeisterte Freundin hat Sam sich ein paar Sudokus ausgedacht. Dies ist das erste Rätsel. Können Sie seiner Freundin helfen, die leeren Felder so auszufüllen, dass jedes 3x3-Quadrat, jede waagerechte und jede senkrechte Reihe alle Zahlen von 1 bis 9 enthält?

6				5	7	4	9	
				9		5		6
	9	5						
							4	2
	5		4		6		8	
8	3							
						1	2	
9		3		1				
	1	2	7	8				3

DENK-
ANSTOSS

Beginnen Sie dort, wo die meisten Zahlen beieinanderstehen.

SCHIFFE VERSENKEN II

Wieder hat der pensionierte Geschichtslehrer sich ein Schiffe-versenken-Rätsel für seine Enkel ausgedacht (vgl. Rätsel 4). Wie im Rätsel zuvor zeigen die Zahlen an den Rändern des Spielfelds an, wie viele einzelne oder nebeneinanderliegende Felder in den Reihen und Spalten von Schiffen oder Bojen besetzt sind. Die beiden sollen das Gitter so ausfüllen, dass es drei Kreuzer, drei Barkassen und drei Bojen enthält – natürlich wieder genau den Zahlenangaben am Rand entsprechend. Können Sie den beiden helfen?

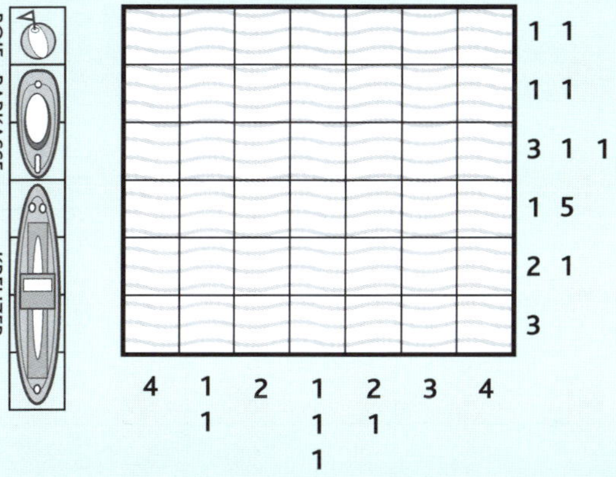

DENK-ANSTOSS

Beginnen Sie entweder bei der Spalte ganz links oder der Spalte ganz rechts. Beide sehen ganz so aus, als ob sie einen Kreuzer enthalten müssten!

REISEN MIT DEM ALPHABET I

Fred möchte ein Videospiel mit dem Namen REISEN MIT DEM ALPHABET spielen. Aber leider ist Geografie nicht seine Stärke. Können Sie ihm helfen? Jede ovale Form soll einen anderen Buchstaben von A bis K enthalten. Die Buchstaben sollen anhand der unten stehenden Tipps auf die einzelnen Ovale verteilt werden. Das Wörtchen »genau« in den Tipps steht dabei immer für »in gerader Linie«.

1 B liegt genau westlich von A. A liegt neben J, und zwar genau nördlich.
2 E liegt weiter östlich als D.
3 G liegt genau nördlich von E und genau westlich von C.
4 I liegt neben H, und zwar genau nördlich. H liegt weiter im Norden als F und C.
5 K liegt genau nördlich von D und genau westlich von F.

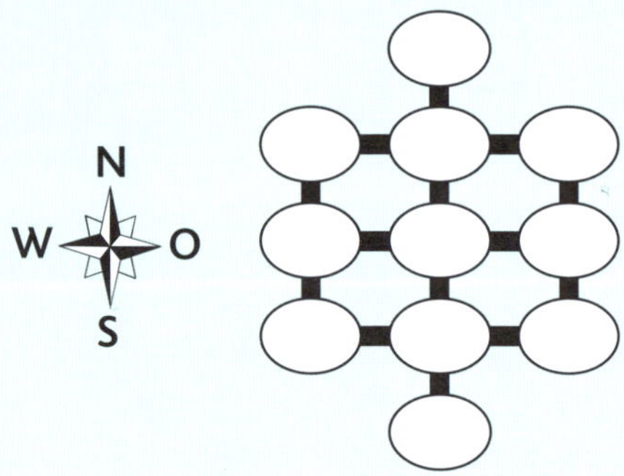

DENK-ANSTOSS

Zeichnen Sie die möglichen Buchstabenkombinationen erst einmal mit Bleistift ein oder übertragen Sie die Zeichnung auf eine der leeren Notizseiten am Ende des Buches, um besser experimentieren zu können.

DOMINO

Dieses Rätsel wurde für eine Dominospiel-Webseite entwickelt. Auf dem unten abgebildeten Spielfeld wurden insgesamt 28 Dominosteine ausgelegt. Die Spieler müssen nun mit der Maus die Umrisse der einzelnen Steine aus dem unten stehenden Kasten in das Feld einzeichnen. Als kleine Hilfestellung wurde ein Dominostein bereits vorgegeben.

				1	5				
			5	6	0	0			
			2	2	4	0			
	2	3	6	1	3	3	3	5	
5	5	4	4	1	5	2	0	1	2
0	6	1	2	6	6	4	5	3	4
	3	0	0	2	4	5	1	3	
			6	3	6	1			
			2	4	4	6			
				0	1				

0-0	0-1	0-2	0-3	0-4	0-5	0-6
✓						

1-1	1-2	1-3	1-4	1-5	1-6	2-2

2-3	2-4	2-5	2-6	3-3	3-4	3-5

3-6	4-4	4-5	4-6	5-5	5-6	6-6

DENK-ANSTOSS

Sind die Dominosteine mit den »Dubletten«der beste Startpunkt?

3–4 MINUTEN

RÄTSEL 21 BASISTRAINING

SYMBOLE AUF DER WANDERUNG I

Jede Reihe und jede Spalte in diesem Gitter enthielt ursprünglich einen Kreis, eine Raute, ein Quadrat, ein Dreieck und zwei leere Felder – allerdings nicht unbedingt genau in dieser Reihenfolge. Jedes mit einem schwarzen Pfeil versehene Symbol bedeutet, dass man dieses Symbol als Erstes antrifft, wenn man sich in Pfeilrichtung bewegt. Jedes Symbol mit einem weißen Pfeil bedeutet, dass man dieses Symbol als Zweites antrifft, wenn man sich in Pfeilrichtung bewegt. Können Sie das Gitter ausfüllen?

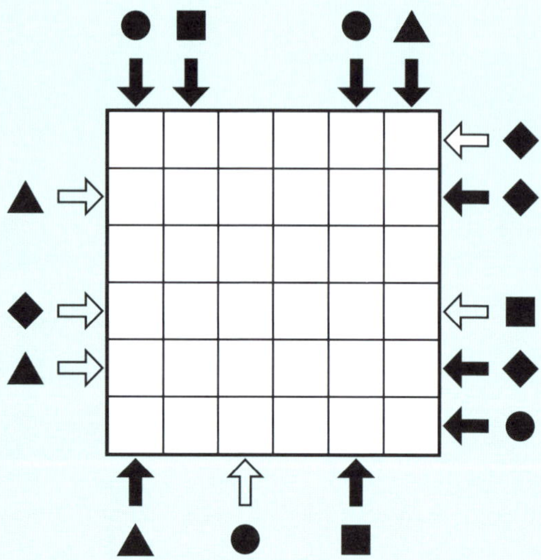

DENK-ANSTOSS

Der Kreis in der ersten Spalte hat keinen weiten Weg.

ZEIT-BONUS

GITTERBLOCK I

Können Sie alle zwölf Teile in das Gitter einfügen? Sie können die Teile drehen oder auf den Kopf stellen, aber sie dürfen einander nicht berühren, nicht einmal diagonal. Die Zahlen an den Rändern des Gitters stehen jeweils für die Anzahl aufeinanderfolgender schwarzer Felder in den einzelnen Reihen und Spalten. Schwarze Einzelfelder oder Blöcke müssen mindestens durch ein weißes Feld voneinander getrennt sein.

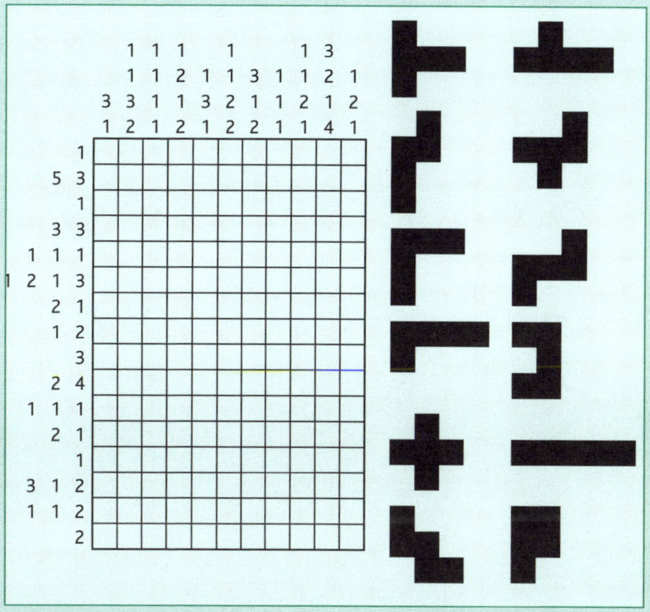

DENK-ANSTOSS

Die zweite Reihe von oben mit ihren fünf nebeneinanderliegenden schwarzen Feldern ist ein guter Ausgangspunkt.

ZEIT-BONUS

MATHE-GENIE II

Inzwischen sind wir bei einer etwas schwierigeren Version des Zahlengitter-Rätsels im Video-Lernspiel MATHE-GENIE (vgl. Rätsel 9) angelangt. Diesmal befindet der Spieler sich in einer Wüste. Um den Treibsand zu durchqueren, muss er das Gitter mit den Zahlen 5, 6, 8, 9, 9, 10, 11, 11, 12, 13, 13, 13, 14, 16, 18 und 20 ausfüllen – und zwar so, dass die Zahlen in jeder Reihe, jeder Spalte und diagonal jeweils die Summe 47 ergeben.

DENK-ANSTOSS

Eine Möglichkeit, zur Summe 47 zu gelangen, ist 11 + 11 + 12 + 13. Vielleicht sollten Sie sich die anderen Möglichkeiten erst einmal notieren, bevor Sie versuchen, das Gitter zu füllen?

3–4 MINUTEN

SPIELMARKEN UMDREHEN

Ein Student hat sich folgendes Rätsel ausgedacht: Jede der unten abgebildeten neun Spielmarken hat eine schwarze und eine weiße Seite. Ein Spielzug besteht darin, eine Spielmarke und alle direkt an sie angrenzenden Marken umzudrehen. Dieser Zug ist in den danebenstehenden Beispielen mit einem X gekennzeichnet. Welche drei Züge müssen Sie machen, damit alle Marken mit der schwarzen Seite nach oben zeigen?

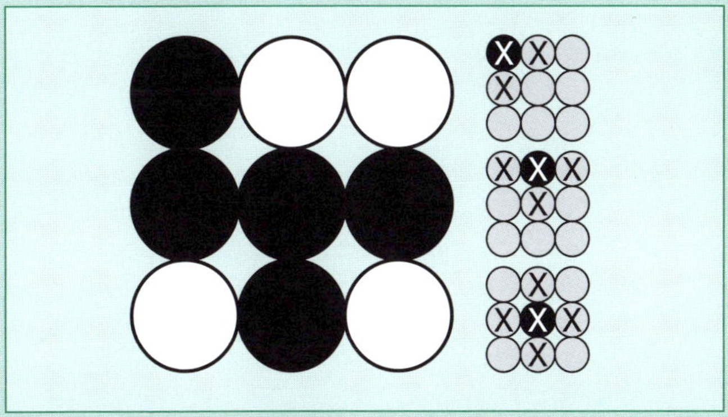

DENK-ANSTOSS

Schauen Sie nach rechts!

WAS LIEGT IN JEMS KASTEN?

Eine Mathematik-Professorin hat sieben Söhne: Jim, Joe, Jack, Jeff, Jordan, Jamal und Jem. Können Sie den unten stehenden Zahlencode knacken und herausfinden, welchen Zahlenwert Jems Kasten hat?

Schritt 1: Ordnen Sie die waagerechten Linien, die in den Kästen der Jungen in der unteren Reihe bereits vorgegeben sind, den Kästen A bis H in der oberen Reihe zu. So enthält beispielsweise nur einer der Kästen von A bis H zwei waagerechte Linien usw.

Schritt 2: Sobald Sie anhand der waagerechten Linien herausgefunden haben, welcher Buchstabe zum Kasten eines bestimmten Jungen gehört, zeichnen Sie, um ganz sicherzugehen, auch noch alle diagonalen und senkrechten Linien in diesen Kasten ein. Alle Kästen mit weißem Kreis in der Mitte müssen eine (von links nach rechts oder von rechts nach links verlaufende) Diagonallinie aufweisen.

Schritt 3: Schreiben Sie die Zahlenwerte unter die Kästen der einzelnen Jungen (z. B. Kasten C = 17).

Schritt 4: Sobald Sie den Kästen sämtlicher Jungen die dazugehörigen Zahlenwerte zugeordnet haben, knacken Sie den Code, der hinter der Zahlenfolge steckt.

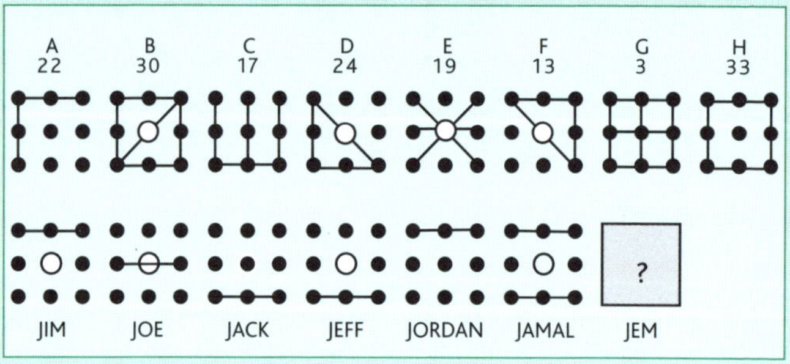

DENK-ANSTOSS

Die einzige waagerechte Linie in Jims und Jordans Kasten liegt ganz oben; diesen Kästen muss man also die Buchstaben A und F zuordnen. Nur einer dieser Kästen weist eine diagonale Linie auf!

ZAHLENKREUZWORTRÄTSEL II

Hier kommt ein zweites, nun etwas schwierigeres Zahlenkreuzworträtsel (vgl. Rätsel 6). Wieder enthält jede Reihe und jede Spalte die gleichen Zahlen und mathematischen Symbole, aber jedes Mal in anderer Reihenfolge. Wie muss man die Zahlen und Symbole anordnen, um auf die Summen am Ende der Reihen und Spalten zu kommen?

9	–	5	x	7	+	8	=	36
							=	54
							=	42
							=	52
=		=		=		=		
74		34		25		50		

DENK-ANSTOSS

Vielleicht sollten Sie von den Endsummen ausgehen und dann zurückrechnen – z. B. die 50 versuchsweise durch 5 teilen und dann mit den restlichen Zahlen experimentieren?

GEBURTSTAGSRÄTSEL I

Es gibt eine originelle Familientradition: Statt eines Geschenks gibt es zu jedem Geburtstag ein Rätsel, das gelöst werden muss, wie beispielsweise folgendes Zahlen-Symbol-Gitterrätsel. Jedes Feld in dem Gitter muss eine Zahl und ein Symbol enthalten. Jede Reihe und jede Spalte darf nur unterschiedliche Zahlen und Symbole beinhalten. Außerdem dürfen sich in dem Rätsel keine Zahl-Symbol-Kombinationen wiederholen. Können Sie helfen?

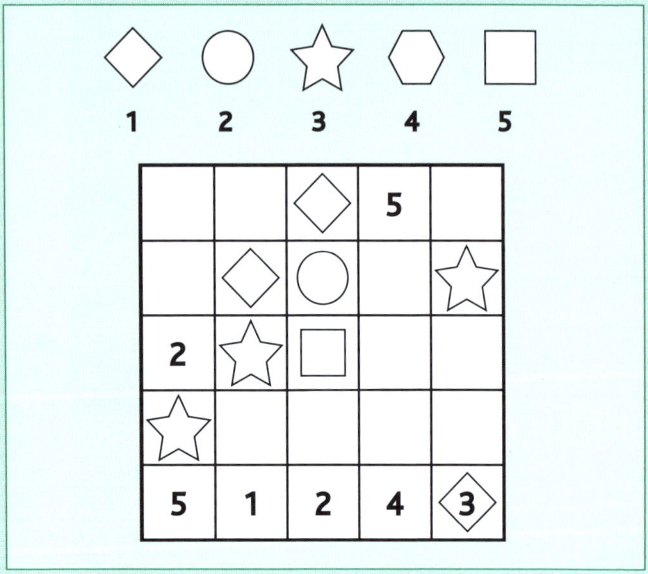

DENK-ANSTOSS

Vielleicht sollten Sie erst einmal die Reihenfolge der Symbole festlegen, ehe Sie mit dem Einsetzen der Zahlen beginnen?

3–4 MINUTEN

ZAHLENGITTER II

Nun hat sich der zweite Wachmann während der Nachtschicht ein etwas schwierigeres Rätsel ausgedacht (vgl. Rätsel 8). Die Regeln sind genau die gleichen wie vorher: Die acht Coupons müssen so in dem leeren Gitter positioniert werden, dass alle nebeneinanderliegenden Zahlen gleich sind. Er darf die Coupons dazu zwar drehen, aber nicht auf den Kopf stellen.

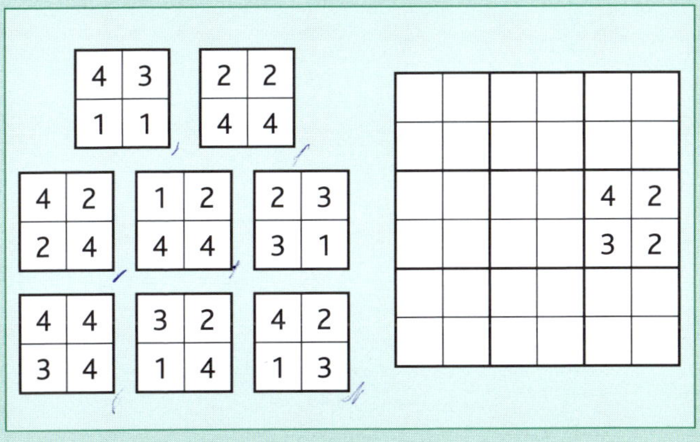

DENK-ANSTOSS

Die Felder links unten und rechts unten enthalten die gleiche Zahl.

SQUARE DANCE

Die vier Felder im unten abgebildeten Quadrat wurden neu angeordnet. Können Sie anhand der folgenden Tipps die neue Reihenfolge entschlüsseln?

1 Das Feld, das einen Stern enthält, grenzt jetzt nicht mehr waagerecht an das Feld mit dem Dreieck an.
2 Eines der Felder ist an derselben Stelle geblieben.
3 Das Feld mit dem Stern liegt jetzt in der oberen Reihe.
4 Der Stern liegt immer noch weiter rechts als der Kreis.

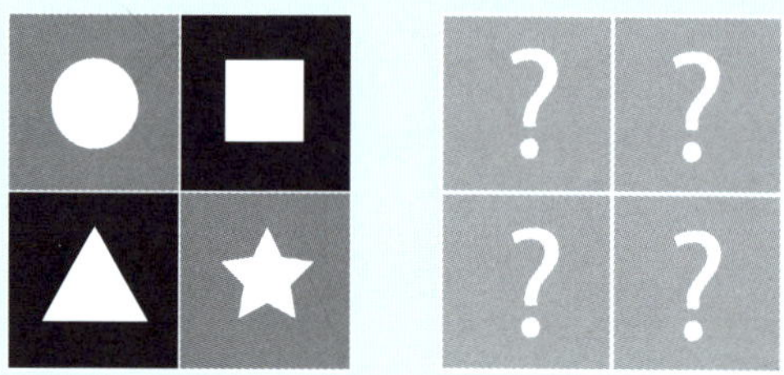

DENK-ANSTOSS

Verschieben Sie zuerst das Feld mit dem Stern.

MILITÄRAKADEMIE II

Die Kadetten in der Militärakademie (vgl. Rätsel 14) haben ihre Kaserne nicht ordentlich aufgeräumt. Zur Strafe müssen sie morgens um sechs Uhr zum Dauerlauf antreten und anschließend eine taktische Denkaufgabe lösen. Wieder erhalten sie den Grundriss eines bewaldeten Campingplatzes, den sie nach folgenden Regeln mit Zelten besetzen müssen: Neben, unter oder über jedem Baum muss ein Zelt stehen. Es dürfen keine Zelte auf aneinander angrenzenden Feldern stehen, auch nicht diagonal. Die Zahlen neben den Reihen und Spalten geben an, wie viele Zelte sie jeweils enthalten. Können Sie den Kadetten helfen?

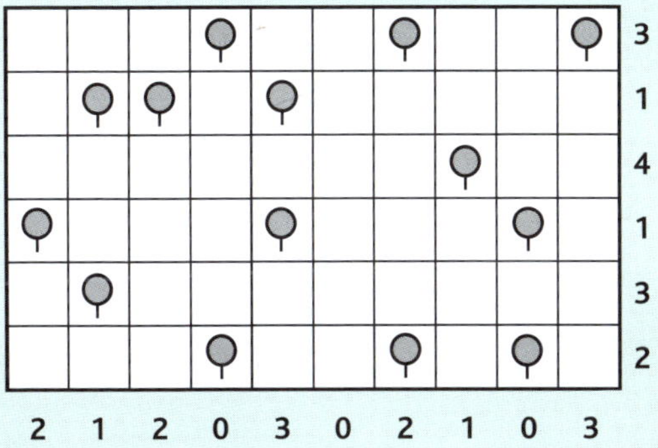

DENK-ANSTOSS

Versuchen Sie erst einmal herauszufinden, wo keine Zelte stehen dürfen.

ZAHLENVERBINDUNGEN II

Bei diesem Rätsel müssen Sie wieder die unten aufgelisteten Zahlen in das Gitter einfügen (vgl. Rätsel 13). Als kleine Starthilfe wurde bereits eine Zahl vorgegeben.

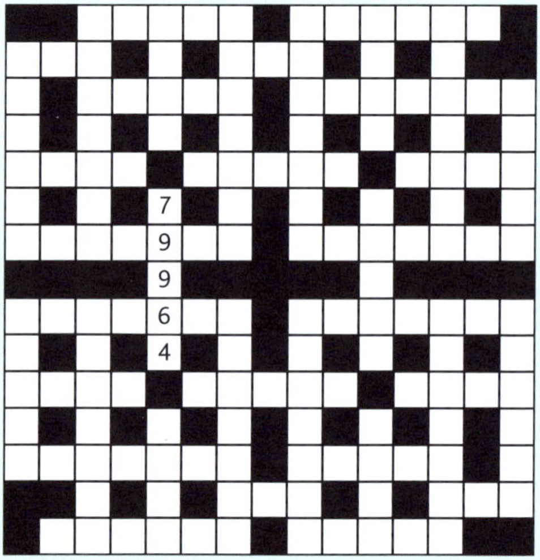

3-stellig:	4157	38426	412237	3491267
745	6209	42615	709825	4077202
764	6918	53027	780735	4383619
817	7522	61463		5073587
870	7553	~~79964~~	**7-stellig:**	5571903
		86538	1230872	6832343
4-stellig:	**5-stellig:**	98533	1263207	7816591
1574	14552		2123871	8618730
1965	25361	**6-stellig:**	2313852	9265786
2815	26839	405496	3350958	

3–4 MINUTEN

DOMINO-TABLETT

Ein Domino-Fan hat als Werbemaßnahme für seine Spiele-Webseite (vgl. Rätsel 20) dieses metallene Getränketablett entworfen. Es ist mit Symbolen dekoriert und magnetische Umrisslinien für Dominosteine werden mitgeliefert. Können Sie die Symbole auf dem Tablett so in Dominosteine (mit jeweils zwei Symbolen) unterteilen, dass die daraus entstehenden zehn Steine alle anders aussehen?

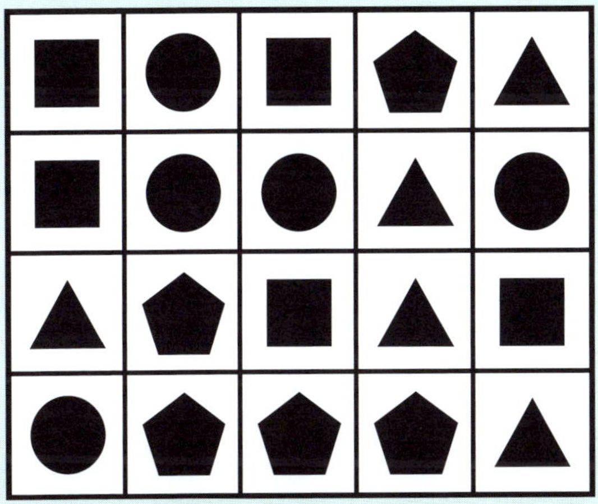

DENK-ANSTOSS

Überlegen Sie, ob gleiche Symbole bei der Einteilung der Dominosteine zusammenbleiben oder voneinander getrennt werden sollten!

KARTENLOGIK I

Es gibt auch knifflige Kartenlogik-Rätsel. Eines der Rätsel lautet: »Welchen Wert und welche Farbe haben die unten ausgelegten Karten (A bis L)? Insgesamt ergeben sie einen Wert von 81. Jede der zwölf Karten hat einen anderen Wert. Der Wert der Karten entspricht jeweils den aufgedruckten Zahlen bzw. As = 1, Bube = 11, Dame = 12, König = 13. Keine Karte darf waagerecht oder senkrecht neben einer anderen Karte derselben Farbe liegen. Jede Reihe muss vier, jede Spalte drei verschiedene Farben enthalten.

1 Die Karo-4 liegt rechts neben der 7. Die 7 liegt unter der 5. Die 5 hat eine andere Farbe als die 8.
2 Die Pik-Dame liegt über dem König. Der König liegt rechts neben dem As.
3 Karte F ist drei Punkte weniger wert als Karte H. Karte B ist zwei Punkte mehr wert als Karte G.
4 Der Kreuz-Bube liegt entweder waagerecht oder senkrecht neben der 2.

GEHEIMNISVOLLE SYMBOLE II

Der Spieleerfinder hat sich wieder ein Computer-Symbolspiel ausgedacht (vgl. Rätsel 1). Auch dieses Mal steht jedes der Symbole im unten abgebildeten Gitter für eine andere Zahl. Welche Zahlenwerte muss man den Symbolen Kreis, Kreuz, Fünfeck, Quadrat und Stern zuordnen, um am Ende jeder Reihe und Spalte auf die angegebenen Summen zu kommen?

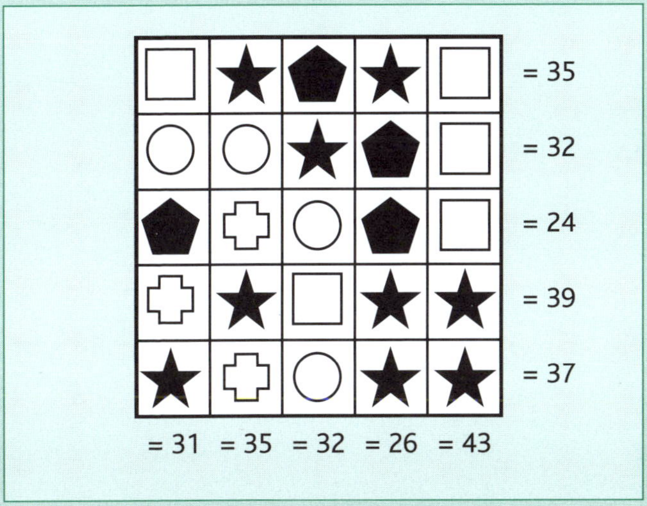

DENK-ANSTOSS

Sie können das Gitter abzeichnen, die Symbole in den Feldern etwas kleiner skizzieren und ihre möglichen Zahlenwerte mit Bleistift danebenschreiben.

SCHWERE Rätsel für TAKTISCHES DENKEN

Um die Rätsel im dritten Teil zu lösen, müssen Sie Ihre grauen Zellen schon ein bisschen mehr anstrengen, denn nun folgen die schwierigsten Aufgaben. Bei diesen Rätseln müssen Sie genau hinschauen und ein Gespür für Reihenfolgen und Perspektiven entwickeln. Behalten Sie Ihr Ziel im Auge und denken Sie daran, dass Sie für die Lösungen manchmal auch Kreativität und Intuition benötigen. Aber verlieren Sie nicht Ihre positive Einstellung und den Spaß am Rätsellösen! Dann werden Sie schneller lernen und sich am Ende zu einem besseren taktischen Denker entwickeln. Viel Vergnügen!

SYMBOLE AUF DER WANDERUNG II

Wie im Rätsel 21 enthielt auch hier jede Reihe und jede Spalte in diesem Gitter ursprünglich einen Kreis, eine Raute, ein Quadrat, ein Dreieck und zwei leere Felder – allerdings nicht unbedingt genau in dieser Reihenfolge. Jedes mit einem schwarzen Pfeil versehene Symbol bedeutet, dass man dieses Symbol als Erstes antrifft, wenn man sich in Pfeilrichtung bewegt. Jedes Symbol mit einem weißen Pfeil bedeutet, dass man auf dieses Symbol als Zweites stößt, wenn man in Pfeilrichtung wandert. Können Sie das Gitter ausfüllen?

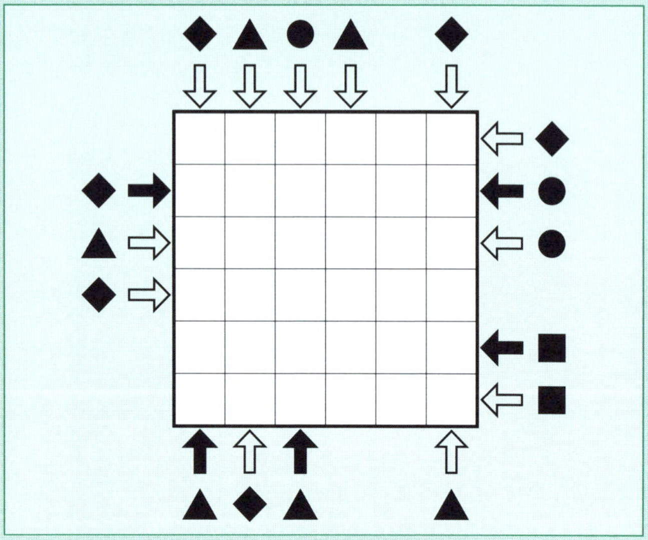

DENK-ANSTOSS

Das Dreieck links unten wandert nicht sehr weit.

ZEIT-BONUS

ZAHLENDETEKTIV II

Der Roman über einen Privatdetektiv (vgl. Rätsel 3) ist ein Bestseller geworden. Für die Verfilmung des Romans soll der Autor sich nun ein zweites, noch schwierigeres Zahlendetektiv-Rätsel ausdenken. Können Sie dem Privatdetektiv helfen, die 16 Zahlen zu finden, die den unten stehenden Tipps entsprechen? Wieder gibt es nur ganze Zahlen, keine hat einen Wert unter 1, und im Gitter darf auch keine Zahl doppelt vorkommen.

1 A1 ist B3 minus B1
2 A2 ist C2 plus D1
3 A3 ist B1 geteilt durch D3
4 A4 ist entweder D4 minus B4 oder D4 geteilt durch D3
5 B1 ist entweder C4 plus 12 oder C4 minus 12
6 B2 ist A4 geteilt durch A3
7 B3 ist D4 minus C4
8 B4 ist entweder die Hälfte oder das Doppelte von A1
9 C1 ist B2 mal D3
10 C2 ist D1 plus C4
11 C3 ist entweder D2 minus A2 oder D2 minus B3
12 C4 ist entweder 16 oder 17
13 D1 ist entweder C4 geteilt durch D3 oder C4 plus D3
14 D2 ist entweder B4 plus C1 oder B4 minus C1
15 D3 ist ein Viertel von C4
16 D4 ist entweder A2 plus B1 oder A2 minus B1

	1	2	3	4
A				
B				
C				
D				

SUDOKU II

Sams Freundin hatte viel Freude mit dem Sudoku (vgl. Rätsel 17). Daher schenkt Sam ihr zum Geburtstag eine etwas schwierigere Sudoku-Version. Können Sie ihr helfen, die leeren Felder so auszufüllen, dass jedes 3x3-Quadrat, jede waagerechte und jede senkrechte Reihe alle Zahlen von 1 bis 9 enthält?

4						1		9
		1			5		3	6
			1				4	
		9		2	3			7
			8		9			
8			6	5		2		
	6				7			
2	8		5			9		
9		7						5

DENK-ANSTOSS

Manchmal wirkt Konkurrenz sich positiv auf die Gehirnleistung aus! Wie wäre es, wenn Sie das Sudoku rasch abzeichnen und im Wettbewerb mit einem Freund oder Angehörigen lösen?

GITTERBLOCK II

Fügen Sie alle zwölf Teile in das Gitter ein (vgl. Rätsel 22). Sie können die Teile drehen oder auf den Kopf stellen, aber sie dürfen einander nicht berühren, auch nicht diagonal. Die Zahlen an den Rändern des Gitters stehen jeweils für die Anzahl aufeinander folgender schwarzer Felder in den Reihen und Spalten. Schwarze Einzelfelder oder Blöcke müssen mindestens durch ein weißes Feld voneinander getrennt sein. Die Zahlenangabe 3, 2 am Rand einer Reihe oder Spalte könnte also bedeuten: Zuerst kommen kein, ein oder mehrere weiße Felder, dann drei schwarze Felder, dann mindestens ein weißes Feld, dann zwei schwarze Felder und am Ende wieder beliebig viele weiße Felder.

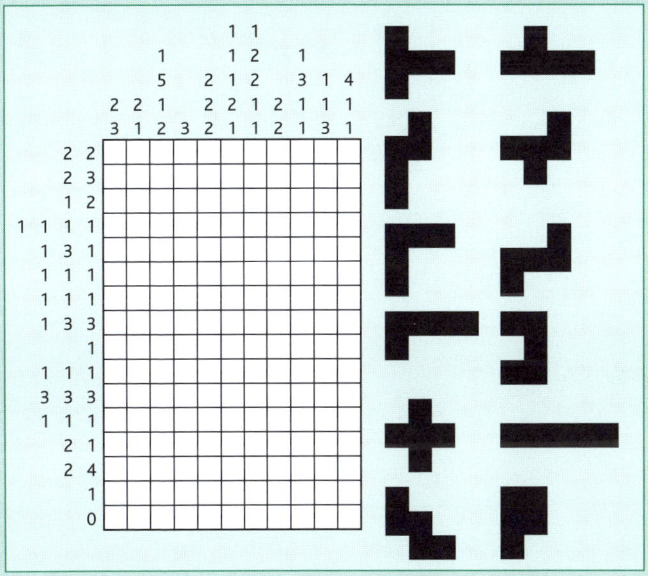

DENK-ANSTOSS

Sie könnten bei den fünf nebeneinanderliegenden schwarzen Feldern in der dritten Spalte anfangen.

JONGLIEREN MIT SECHSECKEN II

Die Neffen des Designers (vgl. Rätsel 11) jonglieren gern mit Sechsecken und bitten ihren Onkel deshalb um ein weiteres Rätsel als Geburtstagsgeschenk. Er präsentiert ihnen folgende Denkaufgabe: Wieder sollen sie die Sechsecke so in das Gitter in der Mitte legen, dass die an den Rändern der Sechsecke aneinander angrenzenden Dreiecke jeweils die gleiche Zahl enthalten. Die Sechsecke dürfen nicht gedreht werden.

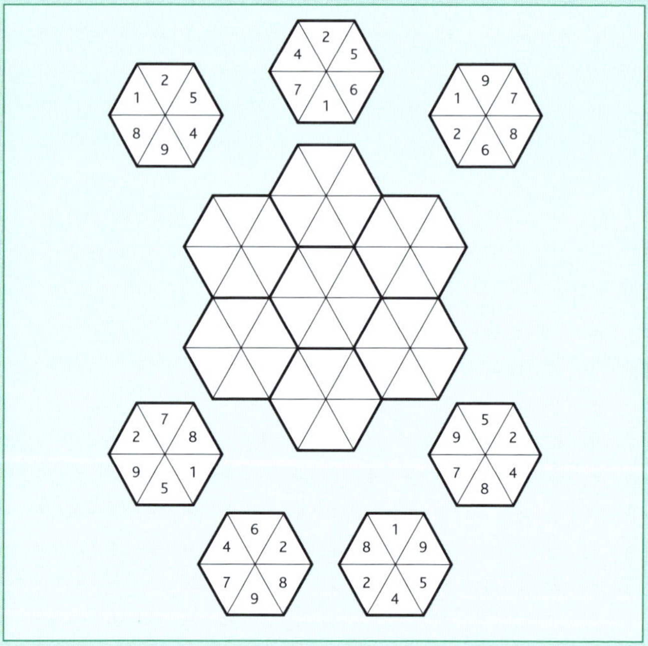

DENK-ANSTOSS

Am besten ist es, dieses Rätsel wie eine Art Glücksspiel anzugehen – lösen Sie es durch Versuch und Irrtum!

TURN2CONNECT

TURN2CONNECT ist eine Computerversion alter Ein-Personen-Spiele wie beispielsweise Solitär. Die Spielsteine müssen so gedreht werden, dass alle Quadrate durch ein Netz waagerechter und senkrechter Linien miteinander verbunden sind. Man darf die Steine aber nur jeweils um ein Vielfaches von 90 Grad drehen. Tragen Sie Ihre Lösung in den leeren Spielplan rechts daneben ein!

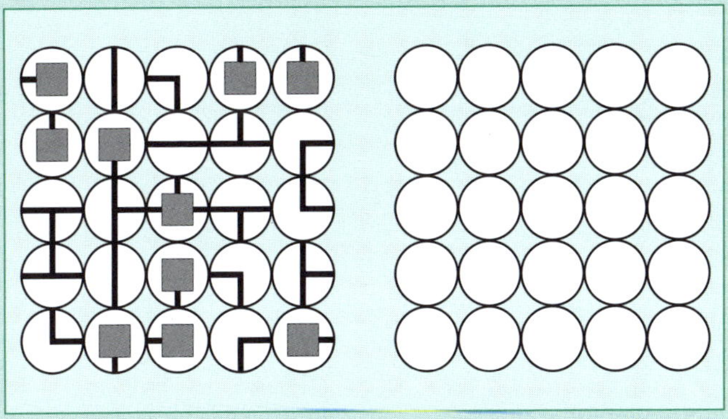

DENK-ANSTOSS

Wenn Sie bei einem Rätsel nicht weiterwissen, hilft es oft, eine kleine Pause zu machen. Gehen Sie spazieren, kochen Sie sich eine Tasse Tee oder Kaffee oder schauen Sie eine Weile aus dem Fenster. Während dieser Pause dürfen Sie die Uhr natürlich stoppen!

ZEIT-BONUS

GEBURTSTAGSRÄTSEL II

Ein weiteres Geburtstagsrätsel (vgl. Rätsel 27) könnte dieses Zahlen-Symbol-Gitterrätsel sein. Wieder muss jedes Feld im Gitter eine Zahl und ein Symbol enthalten, jede Reihe und Spalte darf nur unterschiedliche Zahlen und Symbole beinhalten, und es dürfen sich keine Zahl-Symbol-Kombinationen wiederholen.

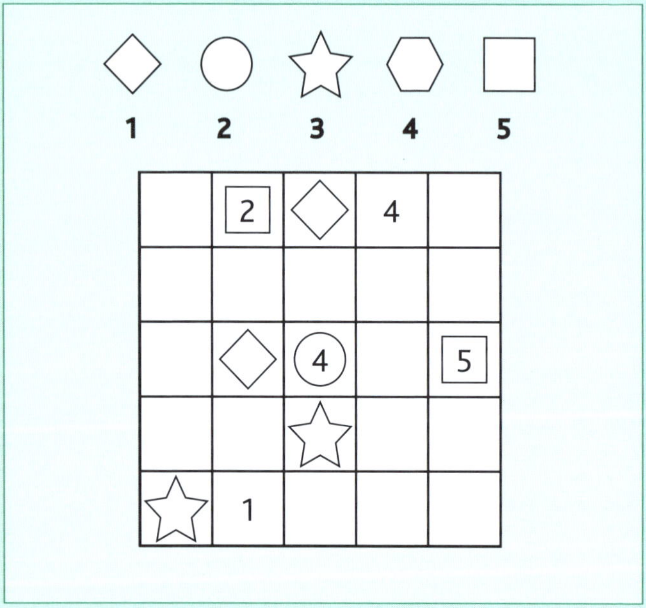

DENK-ANSTOSS

Das Feld rechts oben enthält das gleiche Symbol wie das Feld links unten.

DAS MATHECLUB-MOUSEPAD

Der Mathelehrer (vgl. Rätsel 5) möchte für die Mitglieder seines Mathematik-Clubs ein Mousepad drucken lassen. Er schickt dem Drucker einen Zahlengitter-Plan. Doch leider geht die Deckfolie des Mousepads verloren, die einige Zahlen schwarz überdeckt. Wieder erteilt er dem Drucker den Auftrag: »Decke ein paar Zahlen so ab, dass in keiner Reihe oder Spalte irgendeine Zahl zweimal vorkommt. Es dürfen auch keine abgedeckten (schwarzen) Felder waagerecht oder senkrecht nebeneinanderliegen, über Eck dürfen sie sich jedoch berühren. Die nicht abgedeckten Zahlenfelder müssen entweder waagerecht und/oder senkrecht miteinander in Berührung stehen.« Können Sie dem Drucker helfen?

1	7	2	9	4	3	2	3	6	8
1	2	7	8	4	9	1	1	9	4
3	8	2	8	5	7	1	4	9	6
6	9	7	2	5	5	7	8	3	3
4	9	5	3	6	1	4	7	8	9
6	4	6	1	5	2	8	1	5	4
8	6	1	5	7	4	4	6	3	5
9	5	4	6	2	8	2	3	1	7
5	8	8	9	9	2	6	2	1	1
5	6	3	5	4	4	9	7	7	2

DENK-ANSTOSS

In der obersten Reihe müssen nur zwei Zahlen abgedeckt werden.

WAS LIEGT IN BELLES KASTEN?

Ein Philosophie-Professor hat ein ähnliches Problem wie seine Kollegin aus Rätsel 25. Er hat sieben Töchter: Bea, Bliss, Bess, Beth, Buffy, Bunty und Belle. Können Sie den Zahlencode knacken und herausfinden, welchen Zahlenwert Belles Kasten hat?

Schritt 1: Ordnen Sie die waagerechten Linien, die in den Kästen der Mädchen in der unteren Reihe bereits vorgegeben sind, den Kästen A bis H in der oberen Reihe zu. So enthält beispielsweise nur einer der Kästen von A bis H zwei waagerechte Linien usw.

Schritt 2: Sobald Sie anhand der waagerechten Linien herausgefunden haben, welcher Buchstabe zum Kasten eines bestimmten Mädchens gehört, zeichnen Sie, um ganz sicherzugehen, auch noch alle diagonalen und senkrechten Linien in diesen Kasten ein. Alle Kästen mit weißem Kreis in der Mitte müssen eine (von links nach rechts oder von rechts nach links verlaufende) Diagonallinie aufweisen.

Schritt 3: Schreiben Sie die Zahlenwerte unter die Kästen der einzelnen Mädchen (z. B. Kasten C = 17).

Schritt 4: Sobald Sie den Kästen aller Mädchen die richtigen Zahlenwerte zugeordnet haben, knacken Sie den Code, der hinter der Zahlenfolge steckt. Dann wissen Sie, welchen Zahlenwert Belles Kasten hat.

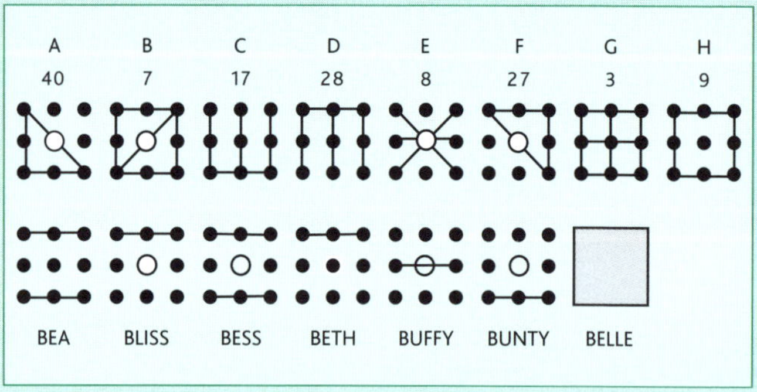

REISEN MIT DEM ALPHABET II

Fred gefällt sein neues Videospiel REISEN MIT DEM ALPHABET (vgl. Rätsel 19), weil er dabei besser abschneidet, als er gedacht hatte. Bei Schwierigkeitsgrad 2 muss wieder jede ovale Form einen anderen Buchstaben von A bis K enthalten. Die Buchstaben sollen anhand der unten stehenden Tipps auf die Ovale verteilt werden. Das Wörtchen »genau« in den Tipps steht dabei immer für »in gerader Linie«.

1 A liegt genau östlich von H. H liegt neben B, und zwar genau südlich.
2 A liegt genau südlich von D. D liegt neben E, und zwar genau östlich.
3 C liegt genau südlich von K. K liegt genau westlich von F. F liegt weiter nördlich als H.
4 G liegt weiter nördlich als I, weiter westlich als H und weiter südlich als J.

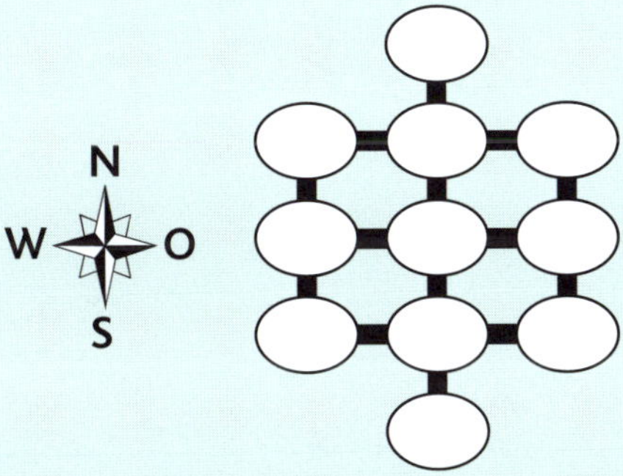

DENK-ANSTOSS

A liegt am weitesten im Osten.

5–6 MINUTEN

RÄTSEL 45 INTENSIVTRAINING

DIE TESTAUFGABE

Ein Vetter des Generals (vgl. Rätsel 14 und 30) bildet Polizisten aus und stellt seinen Schülern folgende Aufgabe, bei denen es auf eine gute Beobachtungsgabe ankommt: »Untersucht die unten abgebildeten acht Häuser genau, entschlüsselt den Code der Matrix und überlegt euch dann, welcher der vier Grundrisse im Kasten rechts (A bis D) an die Stelle des Fragezeichens gehört!«

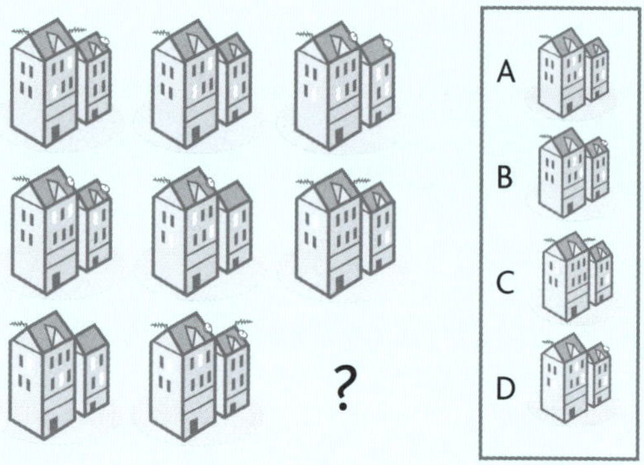

DENK-ANSTOSS

Die Lichter sind an!

EISCREME-RÄTSEL II

Ein Gast hat am Eiscreme-Rätsel von Cafébesitzer Giovanni (vgl. Rätsel 2) viel Spaß gehabt und bittet ihn nun um ein zweites Rätsel für seine Freundin. Wieder haben die Buchstaben je nach ihrer Position im Alphabet die Zahlenwerte 1 bis 26, und die Freundin muss den geheimnisvollen Code knacken, um herauszufinden, welcher Buchstabe auf die fünfte Eiskugel im letzten Dessert gehört. Können Sie ihr helfen?

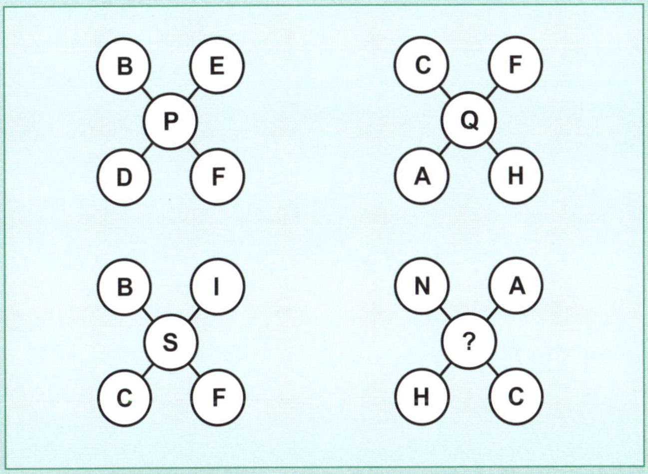

DENK-ANSTOSS

Nutzen Sie das, was Sie aus den bisherigen Rätseln in diesem Buch über Mustererkennung gelernt haben!

ZEIT-BONUS

L-GITTER II

Die Philosophielehrerein will ihr L-GITTER-Spiel (vgl. Rätsel 12) unter dem Titel »L und O« auf den Markt bringen. Hier ist eine Demo-Version, die sie den Spieleherstellern präsentieren möchte: Wieder gibt es insgesamt 12 L-Formen – drei von jedem der vier unten abgebildeten L-Formen. Alle zwölf L-Formen sind in das Gitter eingesetzt worden, und jedes hat irgendwo ein Loch (O). Können Sie anhand der Position der Löcher in dem Gitter herausfinden, wo sich die Umrisse der zwölf L-Formen befinden? Sie dürfen die L-Formen drehen oder auf den Kopf stellen, bevor Sie sie in das Gitter einsetzen. Es dürfen sich aber niemals zwei gleiche L-Formen berühren, nicht einmal über Eck. Die Teile passen so gut ineinander, dass es keine Zwischenräume gibt, sondern nur die Löcher zu sehen sind.

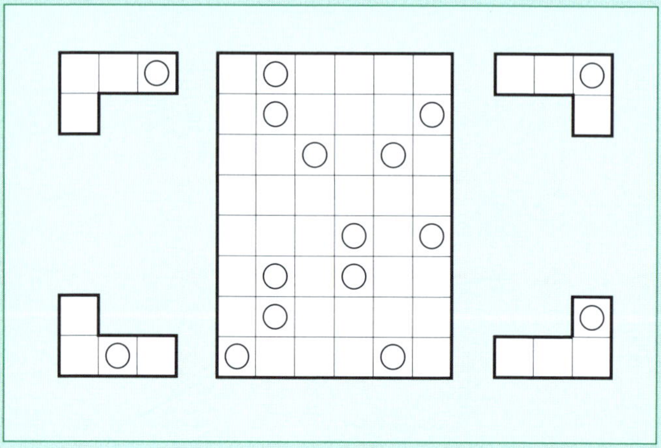

DENK-ANSTOSS

Die obere linke L-Form liegt waagerecht im Gitter.

SOLITÄR

Wieder gibt es ein Spiel mit Spielmarken bzw. Münzen (vgl. Rätsel 24): 14 Münzen liegen in einem Spielfeld. Jede Münze darf eine andere Münze überspringen, die dann vom Brett weggenommen wird. Am Schluss soll nur noch eine einzige Münze übrig sein. Wenn die letzte Münze genau in der Mitte des Spielfelds liegt, bekommt man einen Pluspunkt.

DENK-ANSTOSS

Springen Sie als Erstes mit einer Münze in das leere Feld in der obersten Reihe.

KARTENLOGIK II

Hier kommt ein weiteres Kartenlogik-Rätsel (vgl. Rätsel 33). Wieder gilt es herauszufinden, welchen Wert und welche Farbe die unten ausgelegten Karten haben. Insgesamt ergeben sie einen Wert von 85. Jede der 12 Karten hat einen anderen Wert. Der Wert der Karten entspricht jeweils den aufgedruckten Zahlen bzw. As = 1, Bube = 11, Dame = 12, König = 13. Keine Karte darf waagerecht oder senkrecht neben einer anderen Karte derselben Farbe liegen. Jede Reihe muss vier, jede Spalte drei verschiedene Farben enthalten.

1 Karte C ist zwei Punkte weniger wert als Karte G, die die Farbe Herz hat. Karte J ist mehr wert als Karte D.
2 Die 5 liegt über dem König. Dieser liegt rechts vom Buben.
3 Die 7 liegt links von der Karo-Dame und diese befindet sich über der Pik-3.
4 Die 8 liegt über der Pik-9.

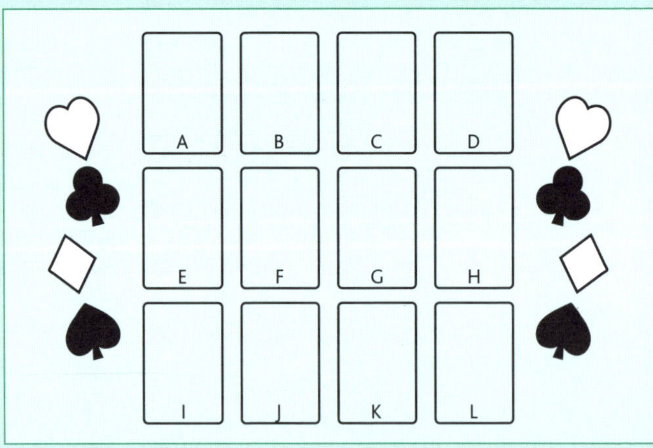

SCHIFFE VERSENKEN III

Dies ist Ihre letzte Chance, eines der Schiffe-versenken-Rätsel (vgl. Rätsel 4 und 18) zu lösen. Da die beiden Enkel des pensionierten Geschichtslehrers inzwischen schon ganz gut taktisch denken können, hat er den Schwierigkeitsgrad ein bisschen gesteigert – und dieses hier ist die härteste Nuss!

Wieder zeigen die Zahlen an den Rändern des Spielfelds an, wie viele einzelne oder nebeneinanderliegende Felder in den Reihen und Spalten von Schiffen oder Bojen besetzt sind. Helfen Sie den beiden Enkeln und füllen Sie das Gitter so aus, dass es drei Kreuzer, drei Barkassen und drei Bojen enthält – und zwar genau den Zahlenangaben entsprechend!

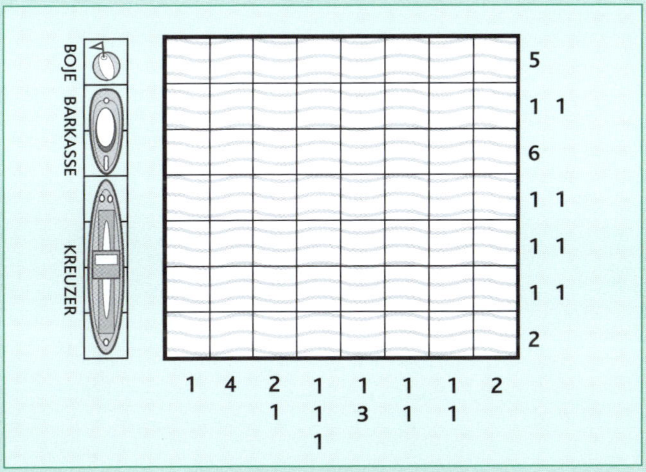

DENK-ANSTOSS

Ganz oben befindet sich ein Kreuzer.

DIE HERAUS-FORDERUNG

Im letzten Teil dieses Buches können Sie die taktischen Denkfähigkeiten, die Sie inzwischen entwickelt haben, in die Praxis umsetzen. Sie werden eine Situation zu meistern haben, wie sie auch im täglichen Leben vorkommen könnte. Auf diesem fortgeschrittenen Niveau taktischen Denkens kann es hilfreich sein, Denkaufgaben wie Schlachten zu betrachten: Sie sind der General, der die Aktion von einem Hügel aus überwacht. Denn um alles genau überblicken zu können, dürfen Sie sich nicht ins Kampfgetümmel stürzen. Irgendjemand muss schließlich die notwendigen taktischen und strategischen Entscheidungen treffen und den Soldaten Anweisungen geben. Fragen Sie sich: Habe ich einen guten Überblick über die Situation? Was will ich erreichen? Bringt mich diese Aktion wirklich weiter? Behalte ich mein Endziel im Auge?

DIE MESSE

Bei dieser Herausforderung für Ihr taktisches Denken müssen Sie Ihre Planung an immer wieder neue schwierige Umstände und gefährliche Konkurrenten anpassen. Sie sollen Ihre Firma auf einer wichtigen Messe vertreten. Aber leider wird die Messe abgesagt und ein alter Rivale (Ihr Hauptkonkurrent) droht Ihnen außerdem damit, Ihnen Ihre Kunden wegzunehmen.
In einer solchen Situation lässt man sich leicht von seinen Gefühlen überwältigen. Wenn man es mit einem alten Konkurrenten zu tun hat, möchte man naturgemäß gerne die Oberhand behalten. Da ist es besonders wichtig, darauf zu achten, dass Sie taktisch klug, zielgerichtet und realistisch reagieren. Verlieren Sie die großen Zusammenhänge nicht aus den Augen!

Auf Veränderungen richtig zu reagieren, ist ein wichtiger Bestandteil taktischen Denkens. Also betrachten Sie Schwierigkeiten und Rückschläge als Chance, Ihren Ideenreichtum und Ihre Flexibilität zu beweisen. Machen Sie das Beste aus dieser schwierigen Situation! Lassen Sie nicht zu, dass der Konkurrent Sie in den Hintergrund drängt, und verteidigen Sie Ihren Kundenstamm oder versuchen Sie, wenn möglich, sogar noch ein paar Kunden dazuzugewinnen.

Seien Sie wachsam und kreativ. Schauen Sie über den Tellerrand hinaus. Lesen Sie diesen Text drei- oder viermal durch und notieren Sie sich in der Randspalte wichtige Hinweise und Anhaltspunkte. Legen Sie sich möglichst viele Aktionspläne zurecht und schrecken Sie dabei auch vor ungewöhnlichen Strategien nicht zurück, denn manchmal können gerade kreative Gedankenkombinationen sehr hilfreich sein.

Sie hatten sich so gut auf diese wichtige Messe vorbereitet und nun droht alles den Bach hinunterzugehen. Das kleine Unternehmen, bei dem Sie arbeiten, produziert und importiert Segeltuchtaschen. Sie sollen den Stand Ihrer Firma auf der wichtigsten Messe für die Taschenindustrie organisieren. Ihr Chef ist gerade auf Hochzeitsreise und hat die Firmenkreditkarte mitgenommen. Der Kreditrahmen Ihrer eigenen Karte ist bereits ausgeschöpft, und Sie haben nur 500 € Bargeld bei sich, um alle Kosten für die Messe abzudecken.

Auf dem Flug zur Messe treffen Sie David, den Eigentümer des Hauptkonkurrenzunternehmens Ihrer Firma. Großspurig erklärt David Ihnen, dass er Sie auf dieser Messe mit Leichtigkeit ausstechen wird. Ihre Stimmung hellt sich erst wieder auf, als Sie von Ihrer Schwester, einer aufstrebenden Künstlerin, vom Flughafen abgeholt werden. Begeistert erzählt sie Ihnen, dass der Gospel-Chor, in dem sie mitsingt, gerade einen Preis gewonnen hat und bei einer Wohltätigkeitsveranstaltung auftreten soll, die ihr Mann in ihrer Kirche veranstaltet. Es wird sogar ein Team von einer Fernseh-Musikshow dabei sein und sie filmen!

NOTIZEN

NOTIZEN

Doch am Vorabend des großen Ereignisses wird die Messehalle nach einem drei Tage andauernden Unwetter so überschwemmt, dass die Messe abgesagt werden muss. Da so viele Aussteller und Kunden extra wegen der Messe in die Stadt gekommen sind, erhalten die Firmen ausnahmsweise die Erlaubnis, ihre Messestände auf den Straßen aufzustellen.

Zum Glück sind Ihre Waren- und Materialproben durch das Unwetter nicht beschädigt worden. Sie beschließen, einen neuen Veranstaltungsort für die Messe zu suchen, doch die ganze Stadt ist mehr oder weniger überschwemmt. Das einzige trockene Fleckchen Erde ist der Hügel, auf dem die Kirche, in die Ihre Schwester geht, steht.

Laut Aussage Ihrer Schwester gibt es auf diesem Hügel nur eine einzige für die Präsentation Ihrer Waren geeignete Halle – am Ende der Straße, wo die Kirche steht. Sie versuchen dort anzurufen, haben aber keine Verbindung, und als Sie hinübergehen, erklärt Ihnen der Manager, dass die Miete für die Halle 500 € kostet. Aber Sie können nicht Ihre ganze finanzielle Reserve für die Halle ausgeben, denn so würde nichts mehr übrig bleiben, um Getränke und Snacks für Ihre Kunden zu kaufen. Während Sie noch mit dem Manager diskutieren, kommt Ihr Konkurrent David hinzu und bietet dem Manager 550 € für die Halle an. Der Manager verspricht, Ihnen den Zuschlag zu geben, weil Sie zuerst da waren, aber Sie müssten die vollen 500 € bezahlen. Er gibt Ihnen seine Handynummer und bittet Sie, ihm spätestens in zehn Minuten per SMS Ihre Entscheidung mitzuteilen.

Sie setzen sich im strömenden Regen auf die Mauer der nahe gelegenen Kirche und beobachten, wie Ihr Schwager und seine Mitarbeiter jede Menge Lebensmittel für die Gospelchor-Party in die Kirche hineintragen.

Da kommt David auf Sie zu und macht Ihnen ein scheinbar großzügiges Angebot: Wenn Sie sich die Halle und die Kosten mit ihm teilen, ist er bereit, Ihnen ein Drittel vom Profit und ein Viertel der neuen Kundenkontakte abzutreten.

Was sollen Sie tun? Die 500 € Miete für die Halle allein bezahlen? Davids Angebot annehmen? Oder in der verregneten Stadt einen Straßenstand aufbauen? Gibt es vielleicht auch noch andere Möglichkeiten? Was tun Sie – oder besser gesagt: Was denken Sie?

NOTIZEN

DIE LÖSUNGEN

Versuchen Sie die Lösungen der Rätsel als Inspirationsquelle zu nutzen. Es kann immer einmal vorkommen, dass man bei einem Rätsel nicht weiterweiß. Wenn Ihnen beim besten Willen nichts einfällt, dürfen Sie natürlich jederzeit im Lösungsteil nachschlagen. Anschließend versuchen Sie einfach, die taktischen Denkschritte nachzuvollziehen, die zu der Lösung geführt haben, damit Sie diese Strategie auch bei künftigen Rätseln und in Ihrem täglichen Leben anwenden können. Wie bei allen Rätseln kann es manchmal auch vorkommen, dass Sie eine andere Lösung finden als die hier vorgeschlagene. Das ist ein Zeichen dafür, dass Sie Ihre taktische Intelligenz bereits gut einsetzen!

RÄTSEL 1 GEHEIMNISVOLLE SYMBOLE I
Die Lösungen lauten: Kreis = 4; Kreuz = 3; Fünfeck = 6; Quadrat = 2; Stern = 5. Taktisches Denken bei der Arbeit oder beim Studium erfordert häufig die Interpretation von Daten und Fakten. Rätsel wie dieses sind dafür ein gutes Training!

RÄTSEL 2 EISCREME-RÄTSEL I Die Lösung lautet J. Der Buchstabe in der Mitte entspricht jeweils der Summe der beiden Buchstaben auf der linken Seite minus der Summe der zwei Buchstaben auf der rechten Seite. Im letzten Dessert sieht das folgendermaßen aus: (B + P) – (E + C) entspricht (2 + 16) – (5 + 3) = 18 – 8 = 10. Der zehnte Buchstabe des Alphabets ist J.

RÄTSEL 3
ZAHLENDETEKTIV I
Das fertig ausgefüllte Zahlengitter ist rechts abgebildet. Wenn Sie Probleme durch taktisches Denken lösen, müssen Sie Daten und Fakten oft sehr schnell und genau verarbeiten oder detaillierte Anleitungen exakt befolgen. Bei Denkaufgaben wie dieser hier können Sie sich in beiden Fähigkeiten üben.

24	25	3	63
46	4	60	15
21	36	12	8
16	1	7	48

RÄTSEL 4 SCHIFFE VERSENKEN I

Das fertig ausgefüllte Spielfeld ist rechts abgebildet. Solche Aufgaben fördern die visuelle Logik, die beim taktischen Denken eine wichtige Rolle spielt.

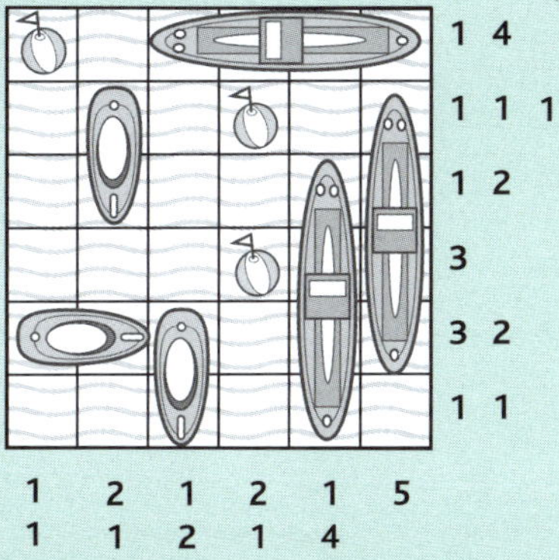

RÄTSEL 5 DAS MATHECLUB-T-SHIRT

Rechts sehen Sie das richtige Zahlengitter mit den nach den Vorgaben des Mathematiklehrers abgedeckten Zahlen. Zum Glück verfügt der Drucker über eine ausgeprägte visuelle Logik und kann gut taktisch denken, sonst hätte er diese Aufgabe wohl kaum lösen können.

4	3	4	2	5	4
2	1	3	1	4	2
4	5	1	4	3	2
4	2	1	5	1	5
5	4	2	1	4	3
1	1	4	3	2	5

RÄTSEL 6 ZAHLENKREUZWORTRÄTSEL I

Das richtig ausgefüllte Zahlenkreuzworträtsel ist rechts abgebildet. Für dieses Rätsel brauchen Sie mathematische Logik, um den rechnerischen Teil der Aufgabe zu lösen, und visuelle Intelligenz, um die Lösungen richtig in das Gitter einzupassen.

4	x	2	–	6	+	1	=	3
–		+		–		+		
1	+	6	x	4	–	2	=	26
x		–		+		x		
2	+	4	–	1	x	6	=	30
+		x		x		–		
6	+	1	x	2	–	4	=	10
=		=		=		=		
12		4		6		14		

RÄTSEL 7 BALLONS IN BEWEGUNG

Unten sehen Sie die neue Reihenfolge der Ballons. Solche Rätsel, bei denen man logische Schlussfolgerungen ziehen muss, sind eine gute Übung für das taktische Denken.

4 2 3 1

RÄTSEL 8 ZAHLENGITTER I

Die richtige Lösung des Zahlengitter-Rätsels ist rechts abgebildet. Bei solchen Rätseln üben Sie sich darin, Teile logisch und zusammenhängend in ein übergeordnetes Ganzes einzufügen.

3	4	4	4	4	3
1	1	1	1	1	3
1	1	1	1	1	3
2	2	2	4	4	1
2	2	2	4	4	1
2	3	3	4	4	3

RÄTSEL 9 MATHE-GENIE I

Für dieses Rätsel gibt es mehrere Lösungsmöglichkeiten. Eine davon ist rechts abgebildet. Hirnforscher haben herausgefunden, dass schnelles Jonglieren mit Zahlen unsere Neuronen auf Hochtouren bringt!

12	8	10	8
4	13	11	10
10	7	7	14
12	10	10	6

RÄTSEL 10 NICHTS ALS SCHULDEN …

Herr A hat insgesamt Schulden in Höhe von 50 € + 20 € und Außenstände in Höhe von 30 €; also muss er 40 € zahlen, um quitt zu sein. Frau B hat Außenstände in Höhe von 40 € (10 € – 50 €), Herr C hat Geldforderungen in Höhe von 20 € (10 € – 30 € + 40 €), und Frau D hat Schulden in Höhe von 20 € (20 € – 40 €). Also sollte Herr A Frau B 40 € geben, und Frau D muss Herrn C 20 € geben.

RÄTSEL 11 JONGLIEREN MIT SECHSECKEN I

Das von den Neffen fertig ausgefüllte Gitter ist rechts abgebildet. Die an den Rändern der Sechsecke aneinander angrenzenden Dreiecke enthalten alle jeweils die gleiche Zahl. Durch solche Spiele entwickelt man die Fähigkeit, verschiedene Optionen gegeneinander abzuwägen.

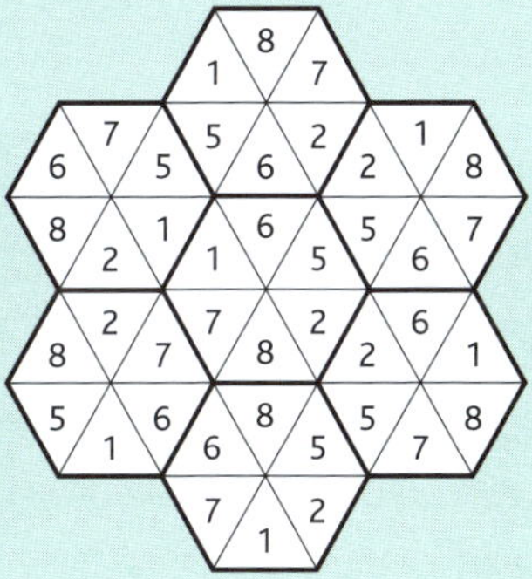

RÄTSEL 12 L-GITTER I

Rechts sehen Sie die Umrisse der in das Gitter eingesetzten L-Formen.

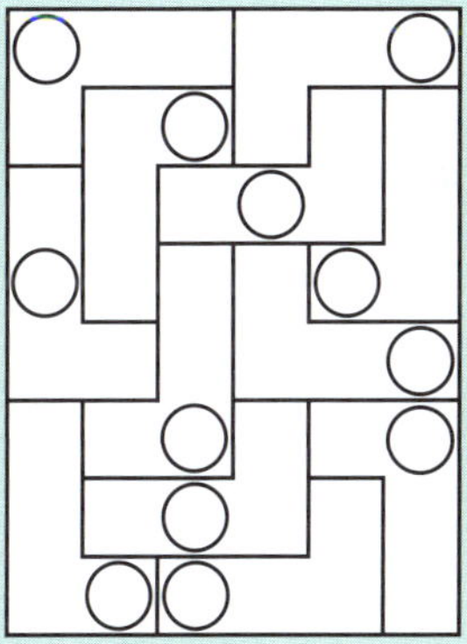

RÄTSEL 13 ZAHLENVERBINDUNGEN I

Das ausgefüllte Zahlenkreuzworträtsel muss so aussehen wie rechts abgebildet. Das schnelle Lösen solcher Rätsel stimuliert die Neuronen, die für visuelle Intelligenz und Zahlendenken zuständig sind.

		1	8	9	3	5		8	1	5	2	5	6	
2	4	7		3		5	9	2		0		5		
9		5	5	6	6	2		9	6	3	8	3	5	7
0		9		8		1		7		3		9		6
8	1	2	4		7	4	9	0	6		1	9	5	1
5		3		6		1		1		4		5		4
7	3	6	8	3	5	1		2	0	3	4	7	1	9
				0						7				
9	7	4	8	5	3	6		3	4	0	3	8	3	4
1		3		8		7		5		3		8		6
4	8	7	6		8	0	2	3	1		7	2	6	2
2		4		2		1		2		3		7		4
7	0	1	2	4	5	0		3	1	9	7	0		7
		9		0		1	2	8		1		6	5	9
	7	3	6	7	2	4		2	2	5	1	4		

RÄTSEL 14 MILITÄRAKADEMIE I

Der mit Zelten besetzte Campingplatz sollte so aussehen wie rechts abgebildet. Bei dieser Übung müssen die Kadetten logisch kombinieren, gleichzeitig aber auch »querdenken« und geduldig nach einer Lösung suchen, die mehrere verschiedene Vorgaben erfüllt.

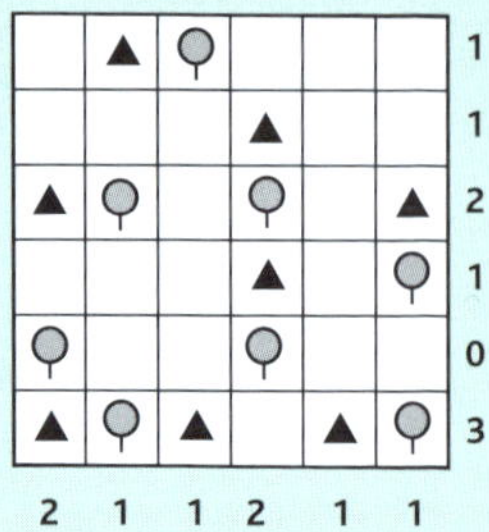

RÄTSEL 15 STERNSTUNDE

Man sollte sich für Stern C entscheiden. Jede Reihe und jede Spalte enthält ein Motiv mit zwei schwarzen Kreislinien außen herum, ein Motiv, bei dem die dicke äußere Kreislinie fehlt, und ein Motiv, bei dem die dünne innere Kreislinie fehlt. Außerdem enthält jede Reihe und Spalte zwei Motive mit einem Ring im Stern und ein Motiv ohne Ring. Und schließlich beinhaltet jede Reihe und jede Spalte zwei Motive mit einem schwarzen Punkt in der Mitte des Sterns und ein Motiv ohne schwarzen Punkt. Folglich sollte das fehlende Design eine äußere dicke (aber keine innere dünne) Kreislinie, einen Ring und einen schwarzen Punkt in der Mitte des Sterns aufweisen.

RÄTSEL 16 SCHACH-RÄTSEL

Eine mögliche Reihenfolge von Zügen, mit denen man auf alle elf leeren Felder in diesem Teil des Schachbretts kommt, ist rechts abgebildet. Als gewiefte Schachspieler beherrschen die Freunde diese visuell-räumliche Variante des taktischen Denkens, bei der man zudem sehr vorausschauend vorgehen muss, sehr gut und lösen das Problem in knapp zwei Minuten.

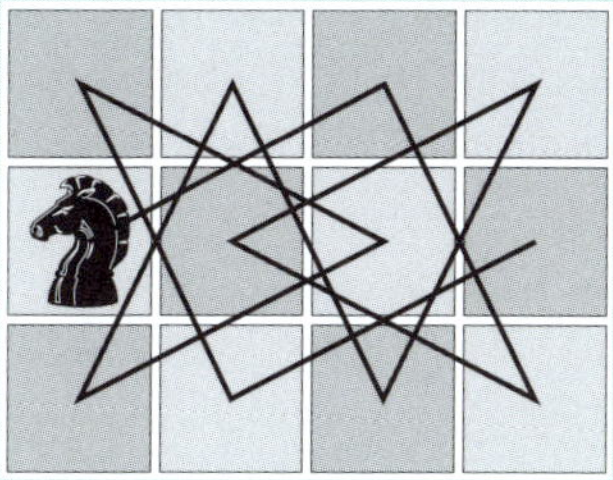

RÄTSEL 17 SUDOKU I

Das richtig gelöste Sudoku ist rechts abgebildet. Solche Rätsel spornen die Gehirnzellen zu Höchstleistungen an!

6	2	1	3	5	7	4	9	8
7	4	8	1	9	2	5	3	6
3	9	5	8	6	4	2	1	7
1	7	6	5	3	8	9	4	2
2	5	9	4	7	6	3	8	1
8	3	4	9	2	1	7	6	5
5	8	7	6	4	3	1	2	9
9	6	3	2	1	5	8	7	4
4	1	2	7	8	9	6	5	3

RÄTSEL 18 SCHIFFE VERSENKEN II

Die Enkel sind inzwischen schon gute Taktiker und konnten das Schiffe-versenken-Rätsel deshalb sehr schnell lösen (siehe Abbildung rechts). Solche Rätsel fördern die visuelle Intelligenz. Zudem übt man dabei, mehrere Lösungsmöglichkeiten gleichzeitig im Kopf zu behalten und gegeneinander abzuwägen.

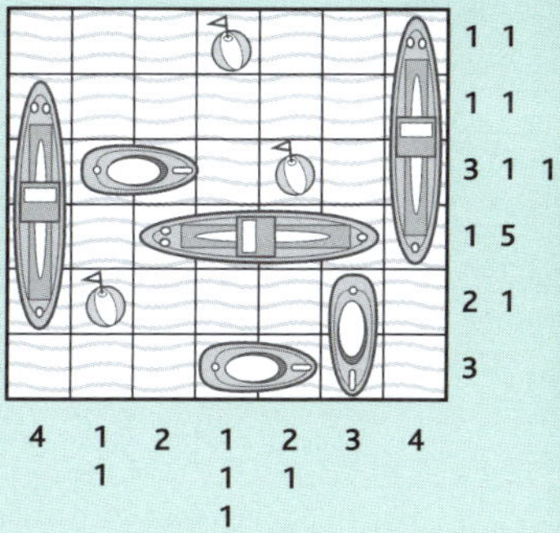

RÄTSEL 19 REISEN MIT DEM ALPHABET I

Das fertig ausgefüllte Buchstabengitter ist rechts abgebildet. Bei solchen Rätseln üben Sie sich darin, Informationen in schematische Diagramme umzusetzen – eine sehr wichtige Fähigkeit, wenn man Zusammenhänge zwischen verschiedenen Daten und Fakten herstellen muss.

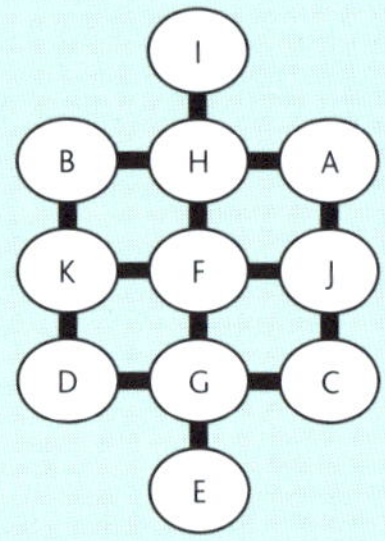

RÄTSEL 20 DOMINO

Das ausgefüllte Domino-Feld ist rechts abgebildet. Mit diesem Rätsel können Sie sich darin üben, blitzschnell Zusammenhänge zu erkennen, was beim taktischen Denken häufig erforderlich ist.

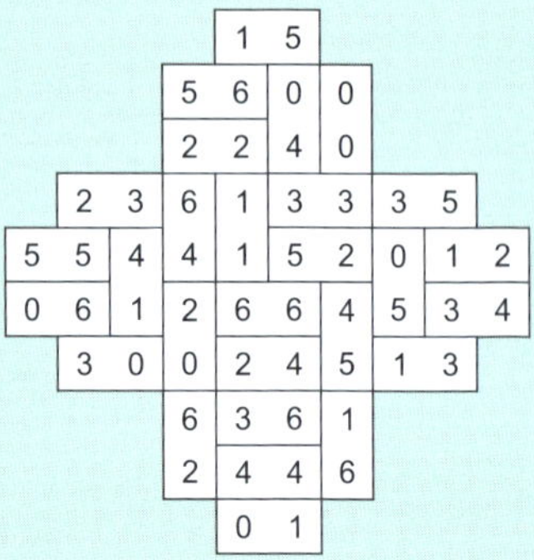

RÄTSEL 21 SYMBOLE AUF DER WANDERUNG I

Das mit den Symbolen ausgefüllte Gitter muss so aussehen wie in der Abbildung rechts. Um ein Problem taktisch klug lösen zu können, muss man oft sehr genau und logisch kombinieren. Durch solche Rätsel können Sie diese Fähigkeit entwickeln!

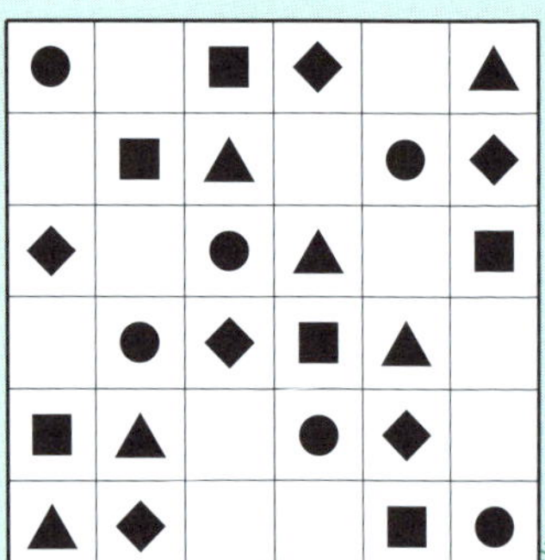

RÄTSEL 22 GITTERBLOCK I

Rechts sehen Sie, wie die Teile in das Gitter eingefügt werden müssen. Beim taktischen Denken muss man häufig komplexe Regeln und Einschränkungen im Kopf behalten und sich dabei gleichzeitig eine Lösung bildlich vorstellen.

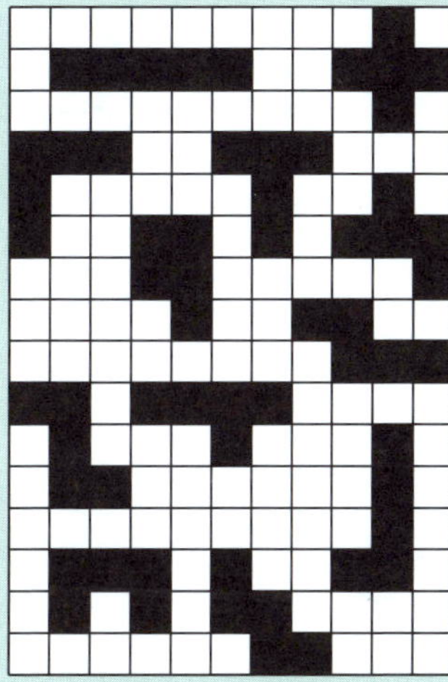

RÄTSEL 23 MATHE-GENIE II

Für dieses Rätsel gibt es mehrere Lösungsmöglichkeiten. Man kann beispielsweise den rechts abgebildeten Weg durch die Wüste wählen.

20	9	12	6
11	9	14	13
5	16	8	18
11	13	13	10

RÄTSEL 24 SPIELMARKEN UMDREHEN

Rechts sind die drei Züge abgebildet, mit denen man alle Spielmarken so umdrehen kann, dass sie mit der schwarzen Seite nach oben zeigen.

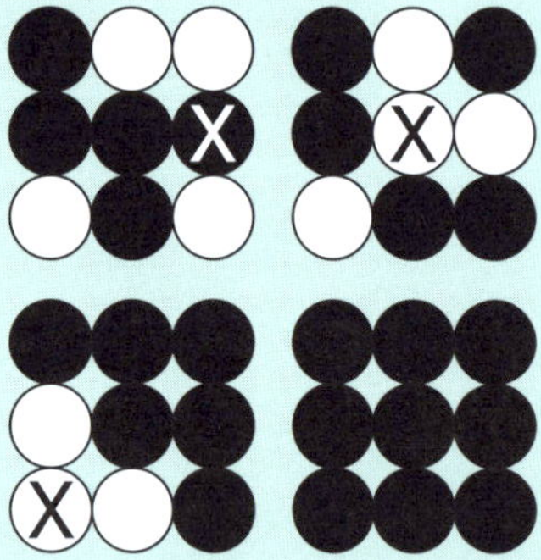

RÄTSEL 25 WAS LIEGT IN JEMS KASTEN?

Jems Kasten hat den Zahlenwert 28. Die Kästen der anderen Jungen haben folgende Zahlenwerte:
Jim = F (13); Joe = A (22); Jack = C (17); Jeff = D (24); Jordan = A (22); Jamal = B (30). Die Zahlenfolge, die sich dahinter verbirgt, lautet: 13 (+6) = 19 (–2) = 17 (+ 7) = 24 (– 2) = 22 (+ 8) = 30. Von der nächsten Zahl müssen also 2 abgezogen werden (30 – 2). Somit hat der Kasten mit dem Fragezeichen den Zahlenwert 28.

RÄTSEL 26 ZAHLEN-KREUZWORTRÄTSEL II

Die richtige Lösung des Zahlenkreuzworträtsels sehen Sie in der Abbildung rechts. Dieses intensive Training Ihrer mathematischen Fähigkeiten fördert schnelles Denken und schärft Ihren Blick für Zahlen.

9	–	5	x	7	+	8	=	36
x		x		–		+		
8	–	7	+	5	x	9	=	54
–		–		x		–		
5	+	9	–	8	x	7	=	42
+		+		+		x		
7	x	8	–	9	+	5	=	52
=		=		=		=		
74		34		25		50		

RÄTSEL 27 GEBURTSTAGSRÄTSEL I

Rechts ist das fertig ausgefüllte Gitter abgebildet. Das war eine ziemlich komplexe Aufgabe, aber wenn man in ein Zahlenrätsel zusätzlich auch noch ein visuelles Element einbaut, wirkt es gleich doppelt stimulierend auf die grauen Zellen.

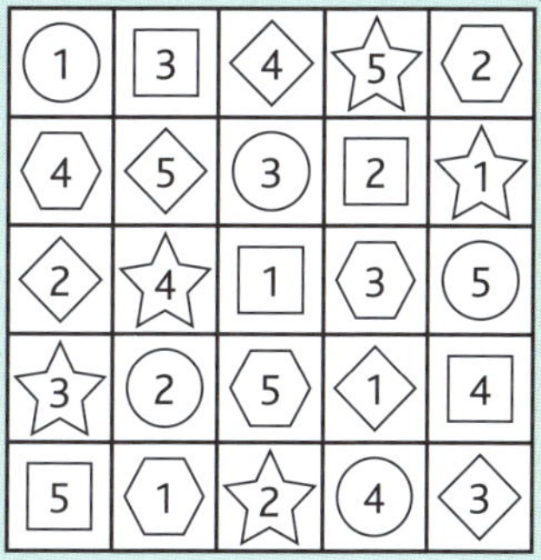

RÄTSEL 28 ZAHLENGITTER II

So sieht die Lösung des Zahlengitterrätsels aus (siehe Abbildung rechts). Auch dieses Rätsel stellt Ihr taktisches Geschick auf eine harte Probe, denn dabei müssen Sie Informationen räumlich anordnen und gleichzeitig bestimmte Regeln im Auge behalten.

3	1	1	2	2	4
2	4	4	4	4	2
2	4	4	4	4	2
2	4	4	3	3	2
2	4	4	3	3	2
3	1	1	1	1	3

RÄTSEL 29 SQUARE DANCE

Die richtige Anordnung der Felder ist rechts abgebildet. Bei praktischen Tests für das taktische Denken im Berufsleben oder an der Universität muss man häufig Elemente nach bestimmten Vorgaben neu miteinander kombinieren, genau wie in diesem Rätsel.

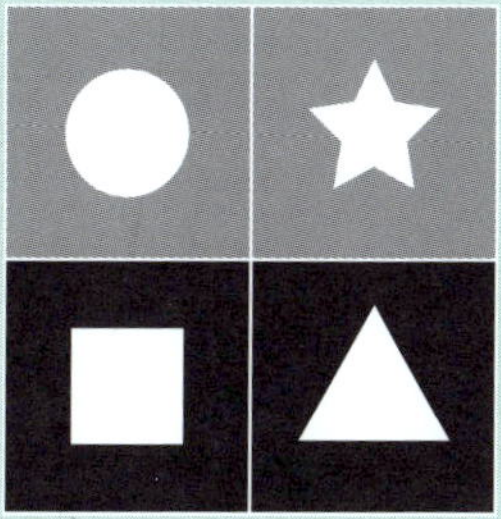

RÄTSEL 30 MILITÄRAKADEMIE II

Der mit Zelten besetzte Campingplatz muss so aussehen wie unten abgebildet. Dieses Rätsel fördert das logische Denken und gleichzeitig auch das visuelle Vorstellungsvermögen, denn dabei muss man die Vorgaben für die Positionierung der Zelte zweidimensional umsetzen.

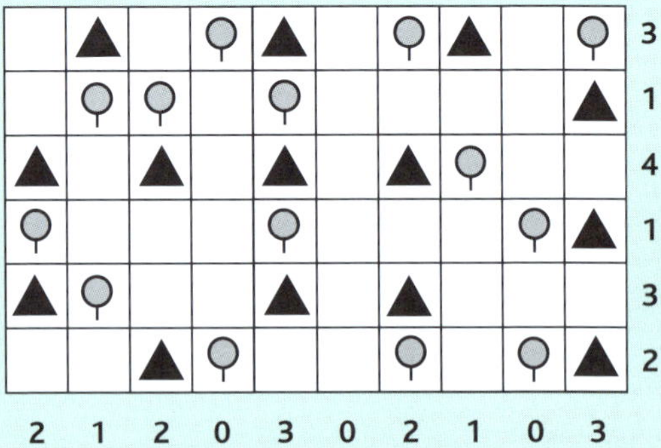

RÄTSEL 31 ZAHLENVERBINDUNGEN II

Das richtig ausgefüllte Zahlengitter ist rechts abgebildet. Dieses numerische »Kreuzworträtsel« erfordert einen ausgeprägten Sinn für Zahlen und die Fähigkeit, Informationen rasch zu verarbeiten und räumlich anzuordnen.

		3	8	4	2	6		4	1	2	2	3	7	
7	6	4		1		8	7	0		8		3		
8		9	8	5	3	3		7	8	1	6	5	9	1
0		1		7		2		7		5		0		4
7	5	2	2		5	3	0	2	7		1	9	6	5
3		6		7		4		0		6		5		5
5	5	7	1	9	0	3		2	3	1	3	8	5	2
				9						4				
4	3	8	3	6	1	9		1	2	6	3	2	0	7
2		6		4		2		2		3		1		0
6	9	1	8		2	6	8	3	9		6	2	0	9
1		8		1		5		0		7		3		8
5	0	7	3	5	8	7		8	6	5	3	8		2
		3		7		8	1	7		5		7	4	5
	4	0	5	4	9	6		2	5	3	6	1		

RÄTSEL 32 DOMINO-TABLETT

Die zehn Dominosteine müssen so angeordnet werden wie rechts abgebildet. Dieses Rätsel fördert Ihren Blick fürs Detail. Außerdem üben Sie dabei, mehrere Vorgaben gleichzeitig im Kurzzeitgedächtnis zu behalten.

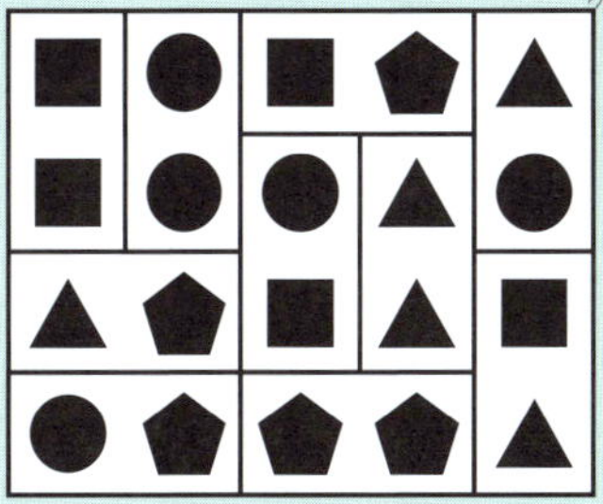

RÄTSEL 33 KARTENLOGIK I

Insgesamt haben die Karten einen Wert von 81 (Einleitung) – es gibt also keine 10. Karte F ist weder Bube, Dame noch König (Tipp 3), und Karte G ist weder Dame noch König. Der König ist nicht Karte H (Tipp 3 und Einleitung), also ist die Pik-Dame H (2), der König ist L, und das As ist K. Karte F ist eine 9 (3) und hat die Farbe Kreuz (Einleitung). Die Karo-4 ist Karte J (1), Karte I ist eine 7 und E eine 5. B und L haben die Farbe Herz, und D hat die Farbe Karo (Einleitung). G ist eine 6 und B eine 8 (3), also hat E die Farbe Karo (1) und G die Farbe Herz. Der Kreuz-Bube ist C (4), D ist die 2 und A die 3. A und K haben die Farbe Pik (Einleitung), und I hat die Farbe Kreuz:

Pik-3	Herz-8	Kreuz-Bube	Karo-2
Karo-5	Kreuz-9	Herz-6	Pik-Dame
Kreuz-7	Karo-4	Pik-As	Herz-König

RÄTSEL 34 GEHEIMNISVOLLE SYMBOLE II

Die Antworten lauten: Kreis = 7; Kreuz = 6; Fünfeck = 1; Quadrat = 9; Stern = 8. Also ergibt die erste Reihe 9 + 8 + 1 + 8 + 9 = 35 und die erste Spalte 9 + 7 + 1 + 6 + 8 = 31. Solche Rätsel, bei denen man einen Code knacken muss, fördern nicht nur die logische Intelligenz, sondern auch das Querdenken. Manchmal muss man über den Tellerrand hinausschauen, um scheinbar unlösbare Probleme taktisch klug bewältigen zu können.

RÄTSEL 35 SYMBOLE AUF DER WANDERUNG II

Rechts sehen Sie das fertig ausgefüllte Gitter. Bei diesem Rätsel müssen Sie wie ein Verwaltungsbeamter oder General agieren, der Personal und Ausrüstungsgegenstände nach kodierten Vorgaben anordnet.

●	■		◆	▲	
◆	▲			■	●
		■	▲	●	◆
■	◆	●			▲
▲		◆	●		■
	●	▲	■	◆	

RÄTSEL 36 ZAHLENDETEKTIV II

Das Gitter muss so ausgefüllt werden wie rechts abgebildet. Die mathematischen Anforderungen sind in diesem Rätsel nicht so hoch wie die logischen.

40	56	7	21
28	3	68	80
12	36	24	16
20	92	4	84

RÄTSEL 37 SUDOKU II

Sams Freundin hat das Sudoku gelöst: Es ist rechts abgebildet. Solche Rätsel sind eine gute Aufwärmübung für Aufgaben, die konzentriertes Denken erfordern.

4	3	6	7	8	2	1	5	9
7	2	1	9	4	5	8	3	6
5	9	8	1	3	6	7	4	2
6	1	9	4	2	3	5	8	7
3	5	2	8	7	9	6	1	4
8	7	4	6	5	1	2	9	3
1	6	5	3	9	7	4	2	8
2	8	3	5	6	4	9	7	1
9	4	7	2	1	8	3	6	5

RÄTSEL 38 GITTERBLOCK II

Der ausgefüllte Gitterblock muss so aussehen wie in der Abbildung rechts. Solche Rätsel fördern die Fähigkeit, sich längere Zeit auf eine Aufgabe zu konzentrieren.

RÄTSEL 39 JONGLIEREN MIT SECHSECKEN II

Das ausgefüllte Gitter ist rechts abgebildet. Der Designer freut sich darüber, dass seinen beiden Neffen große Freude an solchen Zahlenspielen haben. Denn Rätsel, die das bildliche Vorstellungsvermögen trainieren, sind eine gute Übung fürs Gehirn. Dabei entstehen rasch neue Neuronenverbindungen.

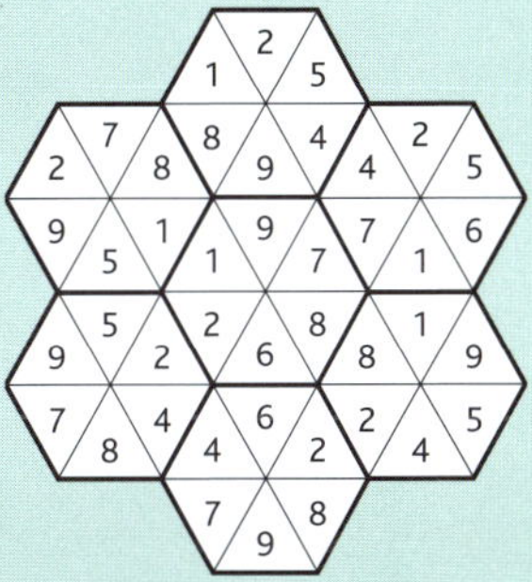

RÄTSEL 40 TURN2CONNECT

Das fertige Gitter, in dem alle Quadrate miteinander verbunden sind, ist rechts abgebildet. Jetzt können Sie an diesen Verbindungslinien entlang von der linken oberen zur rechten unteren Ecke des Spielfelds wandern. Zur Lösung von Rätseln (und auch von Problemen im wirklichen Leben) braucht man oft eine gewisse Hartnäckigkeit. Man sollte sich aber nicht zu intensiv darin verbeißen, da sonst die Konzentration nachlässt.

RÄTSEL 41 GEBURTSTAGSRÄTSEL II

Das fertig ausgefüllte Gitter ist rechts abgebildet. Diese Zahlen-Symbol-Gitterrätsel sind eine doppelte Herausforderung für das taktische Denkvermögen und spornen das Gehirn zu Höchstleistungen an.

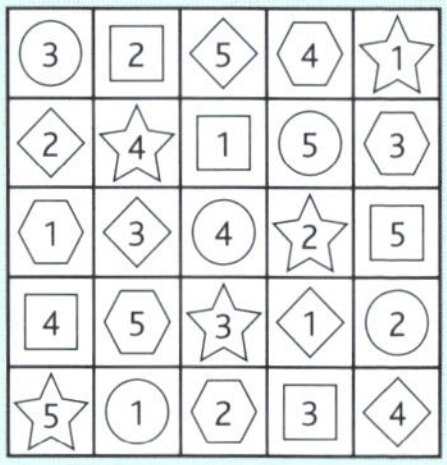

RÄTSEL 42 DAS MATHECLUB-MOUSEPAD

Die rechts abgebildeten Zahlen müssen schwarz überdeckt werden. Wieder löst der Drucker die Aufgabe mühelos, und die Schüler sind begeistert von dem Mousepad.

1	7	**2**	9	4	3	2	**3**	6	8
1	2	7	8	**4**	9	**1**	1	**9**	4
3	8	2	**8**	5	7	1	4	9	6
6	9	**7**	2	**5**	5	7	8	**3**	3
4	**9**	5	3	6	1	**4**	7	8	9
6	4	6	1	**5**	2	8	**1**	5	**4**
8	**6**	1	**5**	7	**4**	4	6	3	5
9	5	4	6	2	8	**2**	3	**1**	7
5	**8**	8	**9**	9	**2**	6	2	1	**1**
5	6	3	5	**4**	4	9	**7**	7	2

RÄTSEL 43 WAS LIEGT IN BELLES KASTEN? Belles Kasten hat den Zahlenwert 20. Die Kästen der anderen Mädchen haben folgende Zahlenwerte: Bea = H (9); Bliss = F (27); Bess = B (7); Beth = D (28); Buffy = E (8); Bunty = A (40). Dahinter steckt folgender Zahlencode: 9 (x 3) = 27 (– 20) = 7 (x 4) = 28 (– 20) = 8 (x 5) = 40. Der nächste Schritt in der Zahlenfolge muss also (40 – 20) = 20 lauten.

RÄTSEL 44 REISEN MIT DEM ALPHABET II

Das fertig ausgefüllte Ovalgitter muss so aussehen wie rechts abgebildet. Bei solchen Rätseln muss man genau hinschauen und außerdem logisch und räumlich denken können.

RÄTSEL 45 DIE TESTAUFGABE

Das fehlende Haus ist B. Jede Reihe und jede Spalte enthält ein Haus, bei dem zwei Lichter an sind, ein Haus, bei dem drei Lichter an sind, und ein Haus, bei dem vier Lichter an sind. Außerdem enthält jede Reihe und Spalte ein Haus mit zwei Satellitenschüsseln, ein Haus mit einer Schüssel und ein Haus ohne Schüssel. Jede Reihe und jede Spalte beinhaltet ferner ein Haus mit zwei Fernsehantennen und zwei Häuser mit jeweils nur einer Antenne. Und schließlich enthält jede Reihe und Spalte ein Haus, bei dem im kleineren Anbau das Dachfenster fehlt. Also muss das fehlende Haus eine Satellitenschüssel, eine Fernsehantenne und ein Dachfenster im kleineren Anbau haben, und es müssen drei Lichter brennen.

RÄTSEL 46 EISCREME-RÄTSEL II

Der fehlende Buchstabe ist Y. Der Buchstabe in der Mitte repräsentiert jeweils die Summe der Zahlenwerte der vier umliegenden Buchstaben minus eins.

RÄTSEL 47 L-GITTER II

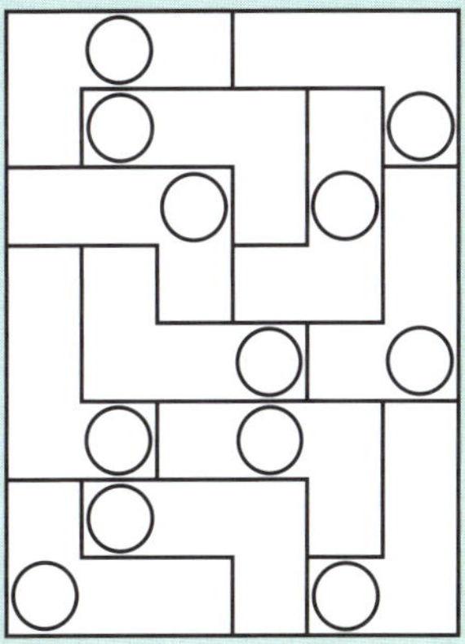

Die Umrisse der L-Formen in dem Gitter sind rechts abgebildet. Dieses Spiel fördert die visuelle Intelligenz und das taktische Geschick, weil sich die Spieler dabei verschiedene Anordnungen der L-Formen bildlich vorstellen müssen.

RÄTSEL 48 SOLITÄR

Die Züge sind rechts abgebildet. Die dunklere Münze ist jeweils diejenige, die als Nächste ziehen wird. Die erste Abbildung zeigt das Feld zu Beginn des Spiels.

RÄTSEL 49 KARTENLOGIK II

Insgesamt haben die Karten einen Wert von 85 (Einleitung) – es fehlt also die 6. G hat die Farbe Herz (Tipp 1), also hat E die Farbe Karo (Einleitung), und die Karo-Dame ist entweder B oder D (Tipp 3). Wenn die Karo-Dame Karte D wäre, dann wäre die 7 Karte C, und G wäre die Herz-9 (1), was nicht möglich ist (4). Also muss B die Karo-Dame sein, A eine 7 und F die Pik-3 (3); H hat die Farbe Kreuz (Einleitung), D und J haben beide die Farbe Herz und L die Farbe Karo. Die Pik-9 (4) ist somit entweder Karte I oder K (Einleitung). G ist keine 8 (1), also ist I eine 9 (4) und E eine 8. A und K haben die Farbe Kreuz und C die Farbe Pik (Einleitung). C ist die 2 und G die 4 (1 und 2). K ist der Bube (2), L der König und H die 5. D ist das As (1) und J die 10.

Kreuz-7	Karo-Dame	Pik-2	Herz-As
Karo-8	Pik-3	Herz-4	Kreuz-5
Pik-9	Herz-10	Kreuz-Bube	Karo-König

RÄTSEL 50 SCHIFFE VERSENKEN III

Das fertig ausgefüllte Spielfeld ist rechts abgebildet. Mithilfe der Schiffe-versenken-Rätsel kann man das bildliche Vorstellungsvermögen und das logische und taktische Denken sehr gut weiterentwickeln.

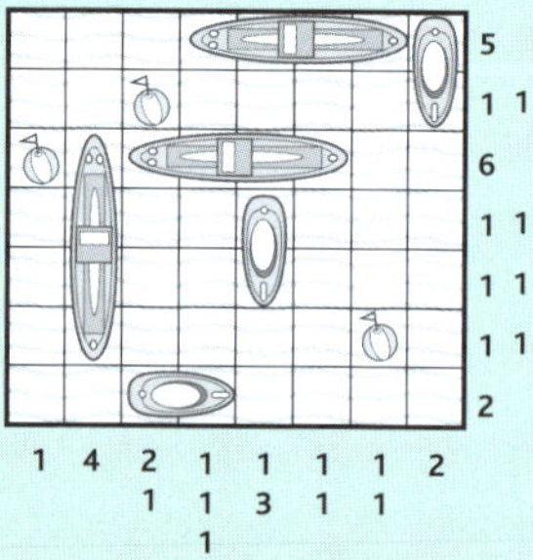

DIE HERAUSFORDERUNG: DIE MESSE

Ihr Konkurrent David schaut Sie erwartungsvoll an, während Sie überlegen, was Sie tun sollen. Ihr erster Gedanke ist: »Ich kann mit diesem Mann doch keine Geschäfte machen!« Aber dann denken Sie: »Ich darf mich nicht von meiner persönlichen Abneigung gegen ihn leiten lassen. Wenn dieser Deal für unsere Firma das Beste ist, sollte ich mich darauf einlassen. Schließlich sind seine Konditionen gar nicht so schlecht.«

Doch zu guter Letzt sagt Ihre innere Stimme Ihnen: »Ich will die Situation lieber erst mal aus der Vogelperspektive betrachten. Was möchte ich erreichen? Welche Möglichkeiten habe ich? Wenn ich Davids Angebot annehme – nutze ich dann wirklich alle meine Ressourcen? Gibt es nicht vielleicht noch eine kreativere Möglichkeit, das Problem zu lösen?«

Ihr Ziel ist, möglichst viele Kunden anzulocken. Und natürlich sollen die Kunden sich an Ihrem Stand auch wohlfühlen, damit sie einen positiven Eindruck von Ihrem Unternehmen mit nach Hause nehmen. Wenn Sie Ihren letzten Cent für die Hallenmiete ausgeben, haben Sie kein Geld mehr für Getränke oder kleine Geschenke für Ihre Kunden. Und wenn Sie sich die Halle mit David teilen, wird Ihr Kundenstamm dadurch bestimmt nicht größer. Es regnet in Strömen, und es ist kalt: Mit einem Straßenstand werden Sie also wohl kaum Erfolg haben.

Was für Möglichkeiten stehen Ihnen also noch offen? Während Sie auf der Mauer sitzen, wehen Ihnen köstliche Düfte aus der Kirche in die Nase. Eigentlich ist das Gospelchorkonzert und die anschließende Wohltätigkeitsveranstaltung ein sehr attraktives Event, denken Sie. Wenn Sie die Probleme mit dieser Messe nicht hätten, würden Sie sich darauf freuen – zumal auch ein Fernsehteam dabei sein wird.

Plötzlich sehen Sie einen Ausweg aus Ihrer misslichen Lage. Sie schicken dem Manager eine SMS und teilen ihm mit, dass Sie seine Halle nicht benötigen. Als Nächstes lehnen Sie Davids Angebot ab und sagen ihm, dass er die Halle für sich allein haben kann. Spöttisch fragt er Sie, was Sie denn ohne Halle anfangen wollen, aber Sie lächeln ihm einfach nur gelassen ins Gesicht. Leise vor sich hin schimpfend stürmt David hinaus in den Regen, um dem Manager mit zuteilen, dass er die Halle allein mieten wird.

Sie gehen in die Kirche und verhandeln mit Ihrem Schwager, der gern bereit ist, Ihnen entgegenzukommen. Sie treffen ein Abkommen miteinander: Wenn Sie sich bereit erklären, 500 € zu spenden, dürfen all Ihre Kunden kostenlos an dem Abendessen teilnehmen und sich das Konzert anhören. Und vielleicht kommen Sie dadurch mit Ihrem Stand sogar noch ins Fernsehen!

Per SMS benachrichtigen Sie Ihre Kunden und laden sie zu dem Ereignis ein. Ihre Schwester nutzt ihre künstlerische Begabung und zeichnet ein paar Plakate, die Sie auf der Straße und vor der Kirche aufstellen. Auf den Plakaten steht: »Kommen Sie zu uns ins Trockene! Wir präsentieren Ihnen den preisgekrönten Gospelchor der Riverview-Kirche – kostenloses Abendessen inbegriffen! Schauen Sie sich bei dieser Gelegenheit in aller Ruhe unser neues Segeltuchtaschen-Sortiment an.«

Dann holen Sie Ihre Visitenkarten und Demo-Artikel und bringen sie in die Kirche. Das Event wird ein großer Erfolg: ALLE Kunden, die auf Ihrer Liste stehen, kommen zu der Veranstaltung, und außerdem auch noch jede Menge Laufkundschaft: Kunden, die eigentlich zu Davids Präsentation gehen wollten, aber dann Ihre Plakate gesehen haben, neugierig hereinschauten – und geblieben sind.

Der Chor singt wunderschön, und Ihr Stand kommt in der Fernsehsendung ganz groß heraus. Auch das Abendessen ist ein Genuss: Salate, Pasteten, Hühnchen und köstliche Desserts.

Sie machen mit Ihrem Stand ein so gutes Geschäft, dass Sie Ihrem Schwager und der Kirche am Ende sogar noch mehr Geld spenden können als ursprünglich vereinbart. Und um Ihrem Erfolg die Krone aufzusetzen, ruft Ihr Chef am nächsten Tag an und erzählt Ihnen, dass er die Veranstaltung im Fernsehen verfolgt hat und sich sehr über diese unerwartete Publicity für sein Unternehmen freut. Sie sehen: Taktisches Denken lohnt sich!

Fabeln von Äsop, Reclam, 2005

Power: Die 48 Gesetze der Macht. Ein Joost Effers-Buch von Robert Greene, dtv, 2001

Tao te King. Das Buch des alten Meisters vom Sinn und Leben von Laotse, Anaconda, 2006

Zeichen und Wunder. Aus den Annalen des Wahns von Charles MacKay, Eichborn, 1992

Fragmente. Griechisch und Deutsch von Heraklit, Artemis & Winkler, 1995

Der Mensch Gandhi. Sein Leben ist seine Botschaft von Eknath Easwaran, Herder, 1997

Was bleibt. Wie die richtige Story Ihre Werbung unwiderstehlich macht von Chip Heath & Dan Heath, Hanser, 2008

Überflieger: Warum manche Menschen erfolgreich sind – und andere nicht von Malcolm Gladwell, Campus Verlag, 2009

Taktiken und Strategien erfolgreicher Menschen von Edward de Bono, mvg, 1995

Über den Autor

Charles Phillips hat 20 Bücher verfasst und an über 25 weiteren Büchern mitgewirkt, darunter auch an *The Reader's Digest Compendium of Puzzles & Brain Teasers* (2001). In seinem Werk *Ancient Civilizations* (2005) befasste er sich mit indischen Intelligenz- und Bewusstseinstheorien, in *My Dream Journal* (2003) beleuchtete er die Traummechanismen unseres Gehirns, und in *Color for Life* (2004) untersuchte er, wie wir Farben wahrnehmen und darauf reagieren. Außerdem ist Charles Phillips ein begeisterter Spiele- und Rätselsammler.

Weitere Titel aus dieser Reihe: